CARO(A) LEITOR(A),

Queremos saber sua opinião sobre nossos livros. Após a leitura, siga-nos no **linkedin.com/company/editora-gente**, no TikTok **@editoragente** e no Instagram **@editoragente**, e visite-nos no site **www.editoragente.com.br**. Cadastre-se e contribua com sugestões, críticas ou elogios.

RODRIGO WAUGHAN DE LEMOS

Prefácio de Alfredo Soares

A ARQUITETURA DO VAREJO DO FUTURO

Inovação, foco no cliente e crescimento exponencial

Diretora
Rosely Boschini

Gerente Editorial Sênior
Rosângela de Araujo Pinheiro Barbosa

Editora Sênior
Audrya Oliveira

Assistente Editorial
Mariá Moritz Tomazoni

Produção Gráfica
Leandro Kulaif

Preparação
Daniel Rodrigues Aurélio

Capa
Plinio Ricca

Projeto Gráfico
Márcia Matos

Adaptação e Diagramação
Plinio Ricca

Revisão
Bianca Maria Moreira

Júlia Rodrigues

Impressão
Edições Loyola

Copyright © 2025 by
Rodrigo Waughan de Lemos
Todos os direitos desta edição
são reservados à Editora Gente.
R. Dep. Lacerda Franco, 300 –
Pinheiros – São Paulo, SP
CEP 05418-000
Telefone: (11) 3670-2500
Site: www.editoragente.com.br
E-mail: gente@editoragente.com.br

Dados Internacionais de Catalogação na Publicação (CIP)
Angélica Ilacqua CRB-8/7057

Lemos, Rodrigo Waughan de
  A arquitetura do varejo do futuro / Rodrigo Waughan de Lemos. - São
Paulo : Editora Gente, 2025.
  208 p.

ISBN 978-65-5544-569-5

1. Negócios I. Título

24-5205
CDD 658.9

Índices para catálogo sistemático:

1. Negócios

NOTA DA PUBLISHER

No varejo atual existem dois caminhos: o do sucesso e o do fracasso. São muitas variações para o empreendedor gerenciar: lojas on-line, marketplaces, redes sociais, construção de marca, serviço de atendimento ao cliente, frete em menos de 24h, tarifas. Tudo isso e muito mais em uma economia volátil, com grandes concorrentes multinacionais disputando com a oferta de produtos iguais ou semelhantes aos seus.

Nesse mercado onde mudanças rápidas são a única constante, poucos empresários conseguem se adaptar ao ritmo, muito menos estruturar suas empresas para crescer de forma consistente e sustentável. Mas, como mostra Rodrigo Waughan de Lemos nesta obra poderosa, existem sim maneiras práticas e eficazes de transformar essa realidade em uma mina de ouro — e ele nos guia, com muita franqueza e experiência, a enxergar a arquitetura do futuro do varejo para que você e seu negócio não apenas sobrevivam, mas prosperem com abundância.

Neste livro, Rodrigo aborda o coração do problema: como o varejo pode colocar o cliente no centro de tudo sem perder de vista a eficiência e a cultura organizacional? Ele não está falando apenas de vender mais ou reduzir custos, mas de criar uma identidade empresarial sólida, onde cada decisão, cada inovação e cada operação são realizadas com foco na experiência do cliente e com respeito à sustentabilidade do negócio. Essa visão é essencial porque o cliente de hoje quer se sentir valorizado, mas também exige transparência e conexão autêntica com as marcas.

Rodrigo tem a autoridade para nos orientar nessa transformação. Ele viveu os desafios reais do varejo e, ao longo de sua trajetória no Grupo Gérbera_+, implementou métodos inovadores e resiliência ao adotar a multicanalidade e o conceito omnichannel. Quando a pandemia desafiou os pilares do comércio global, Rodrigo fez o que muitos empresários não conseguiam imaginar: ele usou a crise como impulso para aprofundar a conexão com o cliente. Implementando o WhatsApp como canal de vendas e criando uma estratégia que mantinha sua equipe e os clientes engajados, ele transformou um período de dificuldades extremas em uma oportunidade de crescimento.

Aqui, você encontrará orientações únicas para estruturar uma empresa que seja não apenas sólida, mas também flexível o suficiente para responder às pressões do mercado. Para isso, você será conduzido por uma jornada de aprendizado dividida em quatro fases — operacional, tática, estratégica e inspiracional. Cada etapa é apresentada de forma realista e prática, com dicas que vão muito além da teoria, mostrando o que realmente funciona no varejo brasileiro.

Essa obra fala diretamente a você, empresário, que sente o peso da incerteza e o desejo de inovar, mas que precisa de um material confiável para construir essa nova arquitetura do varejo. Não se trata apenas de vender mais, mas de criar uma empresa que se conecte com as pessoas e que tenha o potencial de impactar positivamente todos os seus stakeholders.

Portanto, convido você a explorar *A arquitetura do varejo do futuro*. É uma leitura reveladora, um verdadeiro mapa para o empresário que deseja construir um varejo sólido, inovador e voltado ao cliente.

ROSELY BOSCHINI
CEO e Publisher da Editora Gente

DEDICATÓRIA

Dedico este livro a todos os empresários, donos de comércio, franqueadores e franqueados, parceiros comerciais e empreendedores de todos os cantos, especialmente àqueles que, com coragem e determinação, trabalham nos lugares mais distantes do Brasil. A cada um de vocês, que enfrentam desafios diários e demonstram resiliência e inovação, deixo minha admiração e meu respeito.

Dedico-o também a todo o povo amazonense, que sempre acreditou em mim e cuja hospitalidade, força e espírito criativo sempre me acolheram. A diversidade cultural, a garra e a capacidade de superação do povo do Amazonas são inspiradoras e sempre me motivaram a buscar o melhor em mim e em minha trajetória.

Além disso, dedico este livro às pessoas que formaram a base do que sou. A meu pai, Nonato Lemos, que sempre estará em meu coração, mesmo não estando mais presente neste plano. A minha mãe, Alaide Lemos, que me criou com amor e firmeza, sempre me incentivando a evoluir e puxando minhas orelhas para que eu me tornasse uma pessoa melhor a cada dia.

A meu irmão, Ronaldo Lemos, meu eterno anjo da guarda, que me observa com carinho do plano divino. A minha esposa, Wally Waughan, que, com seu amor e sabedoria, é meu esteio e sempre me apoia, contribuindo para que eu me torne um ser humano melhor.

E também a minhas filhas, Larissa e Marianna, que são tudo na minha vida e a minha maior fonte de inspiração.

Por fim, dedico este livro a todos os colaboradores do Grupo Gérbera_+, pois, sem vocês, esta história nunca teria sido escrita.

AGRADECIMENTOS

Em abril de 2022, recebi um convite inesperado que mudaria minha trajetória: a oportunidade de ministrar uma palestra na inauguração do Espaço XP em Manaus, marcada para o dia 10 de maio. O evento reuniria um seleto grupo de empresários amazonenses, e meu objetivo era compartilhar um pouco da minha jornada e revelar os segredos que tornaram o Grupo Gérbera_+ uma empresa diferenciada, com um crescimento superior ao do mercado.

Como advogado de formação, sempre havia participado de eventos como palestrante convidado, mas essa seria a primeira vez em que me apresentaria não apenas como um profissional do Direito mas como empresário. Decidi tirar o terno e adotar um visual mais autêntico, uma decisão que simbolizava minha transição de carreira.

Preparei minha apresentação com cuidado, organizando dez slides que detalhavam nossas operações diárias e os princípios que guiavam nosso trabalho. No entanto, o que eu não esperava era a recepção calorosa do público. Ao fim da palestra, fui surpreendido pelo entusiasmo dos empresários presentes. Eles afirmaram, de maneira enfática, que eu não poderia parar por ali. Para minha surpresa, muitos deles disseram que eu já tinha um livro pronto, com os tópicos abordados em minha apresentação, e que seria um desperdício não compartilhar aquelas valiosas dicas com um público mais amplo.

Foi nesse momento que percebi a importância de registrar minha experiência e meus conhecimentos. Embora inicialmente hesitante, a pressão dos colegas empresários me motivou a escrever este livro. Assim, em vez de ver a escrita como uma obrigação, comecei a encarar como uma oportunidade de impactar e inspirar outros empreendedores. Essa decisão não apenas solidificou minha nova identidade como empresário mas também me permitiu compartilhar aprendizados que poderiam ajudar muitos outros em suas jornadas.

Gostaria de iniciar expressando minha sincera gratidão à XP Investimentos pelo convite que me foi feito e a todos os empresários presentes no dia 10 de maio de 2022 no Espaço XP. Foi daquela simples apresentação que nasceu a presente obra, e sou profundamente grato por essa oportunidade que me permitiu compartilhar minha trajetória e aprendizados.

Agradeço, com todo o meu coração, à minha família, em especial à minha esposa, Wally, e às minhas filhas, Larissa e Marianna Waughan de Lemos. Vocês são a razão do meu existir e a força que me impulsiona a me tornar um ser humano melhor a cada dia. O amor, a paciência e a compreensão que vocês me oferecem são incomparáveis e me fazem perceber a importância de valores como a união e a solidariedade familiar.

Um agradecimento especial vai para meus primos, irmãos e compadres, Wendell, Wendy e Emerson. Vocês foram verdadeiros pilares em momentos difíceis, sempre prontos para cuidar de mim e oferecer apoio incondicional. A generosidade e a lealdade que demonstram são qualidades raras, e sou grato por tê-los ao meu lado.

Sou imensamente grato ao time que esteve ao meu lado durante o desenvolvimento deste projeto: Samara Imbelloni, Klinger Santiago, Gabriel Brito, Max Jimme, Joseph Parente e Rodrigo Lima. Cada um de vocês trouxe habilidades únicas e uma dedicação exemplar, fundamentais para a formatação e realização desta obra. A colaboração e o entusiasmo de vocês são verdadeiramente inspiradores.

Agradeço ao Grupo Boticário e a toda a equipe da marca mais amada do Brasil, que acreditaram em meu potencial e apoiaram meu crescimento profissional. A visão inovadora e o compromisso com a excelência que caracterizam essa equipe me motivaram a sempre buscar o melhor em mim.

Meu agradecimento se estende à Lumit, à Fundação Dom Cabral e a G4 Educação, instituições que contribuíram para minha formação como profissional. A sede insaciável de conhecimento que vocês instigaram em mim é um dos maiores legados que levo adiante em minha jornada.

Agradecimentos   13

Aos meus amigos – Sebastião Machado, Aline Laredo, Alice Siqueira, Hamilton Lucena, Márcio Pontes, Deive Fonseca, Arlisson Melo, Hissa Abraão e a todos os amigos que sempre atendem minhas ligações nos momentos em que mais preciso – minha gratidão é imensa. Vocês são verdadeiros tesouros em minha vida, sempre prontos para oferecer apoio, risadas e conselhos.

Agradeço também a todos os advogados que conviveram comigo durante minha trajetória nas trincheiras trabalhistas, especialmente aos amigos da Associação Amazonense dos Advogados Trabalhistas, da Associação Brasileira dos Advogados Trabalhistas e da Ordem dos Advogados do Brasil – Seccional Amazonas. Os ensinamentos e as experiências que compartilhei com vocês foram fundamentais para me tornar um empresário mais preparado e resiliente.

Agradeço profundamente a todos os clientes que acreditaram em mim desde os tempos em que eu era apenas um simples advogado. Vocês foram fundamentais na construção da minha trajetória profissional, oferecendo não apenas oportunidades mas também confiança em meu potencial. Cada um de vocês me desafiou a ser melhor, a aprimorar minhas habilidades e a sempre buscar a excelência nos serviços prestados. Essa confiança inicial não apenas me motivou mas também moldou minha visão sobre a importância de um atendimento personalizado e ético.

Aos que continuam a ser meus clientes nas empresas que dirijo, minha gratidão é ainda mais intensa. Sua lealdade e seu apoio contínuo são a prova de que construímos um relacionamento sólido e respeitoso ao longo dos anos. A colaboração mútua que desenvolvemos não só fortalece nossos laços, como também impulsiona meu compromisso em oferecer sempre o melhor. A presença de vocês em minha jornada é um verdadeiro privilégio, e estou ansioso para continuar alcançando novos objetivos juntos, sempre buscando soluções inovadoras e eficazes para atender às suas necessidades.

Por fim, um agradecimento especial a todos os colaboradores e ex-colaboradores do Grupo Gérbera_+. Sem o esforço, a dedicação e o talento de cada um de vocês, nada disso seria possível. Vocês são a alma da nossa empresa e a razão do nosso sucesso coletivo.

SUMÁRIO

PREFÁCIO 19

INTRODUÇÃO 21

CAPÍTULO 1
A dor do empresário 26

CAPÍTULO 2
O cliente no centro: estudando e
explorando canais de vendas 42

CAPÍTULO 3
Estude a entrega mais rápida e
barata para seu cliente 58

CAPÍTULO 4
Venda valor em vez de produto 72

CAPÍTULO 5
Trabalhe com indicadores 92

CAPÍTULO 6
Treinamento é importante 104

CAPÍTULO 7
Tenha valores inegociáveis 116

CAPÍTULO 8
Não se esqueça das pessoas
que trabalham com você 126

CAPÍTULO 9
Conheça a opinião do cliente 146

CAPÍTULO 10
Entenda seu negócio e encontre
outras fontes de renda 154

CAPÍTULO 11
Organizando nosso marketing 166

CAPÍTULO 12
O caixa é rei 188

CONCLUSÃO 204

PREFÁCIO

Jack Welch, um dos grandes mestres da gestão, certa vez disse: "Muitas vezes nós medimos tudo e não entendemos nada. As três coisas mais importantes a medir num negócio são: a satisfação do cliente, a satisfação dos empregados e o fluxo de caixa".[1] E, acredite, Rodrigo Waughan de Lemos se destaca em todas essas áreas.

Tive o prazer de conhecer o Rodrigo no G4 Educação, onde ele era um dos meus alunos. Desde nossas primeiras conversas, ficou evidente que ele não era apenas mais um teórico; ele já estava imerso na prática, enfrentando os desafios do dia a dia.

O que realmente me chamou a atenção foi a sua habilidade em liderar operações milionárias em um dos ambientes mais desafiadores do Brasil: o Amazonas. Ele pegou a complexidade da logística na região e a transformou em uma vantagem competitiva. Essa experiência rica e valiosa está condensada em 13 capítulos impactantes neste livro. Ao contrário de muitos "gurus"

---

1 FLUXO de Caixa Padrão FASB. **Valury**. Disponível em: https://site.valury.com.br/servicos/consultoria-estrategica/fluxo-de-caixa-padrao-fasb. Acesso em: 13 nov. 2024.

por aí, que oferecem fórmulas mágicas sem nunca ter pisado no campo de batalha do empreendedorismo, Rodrigo traz insights que surgem da vivência real. Ele não apenas estudou o mundo dos negócios; ele o viveu, enfrentando dificuldades e celebrando vitórias.

Se alguém como Rodrigo tivesse me guiado quando comecei minha jornada empreendedora, teria evitado uma série de tropeços. Então, leitor, aproveite cada parágrafo!

Este livro vai além de um simples manual de gestão; é um verdadeiro guia para quem deseja fazer a diferença. É para aqueles que estão dispostos a investir no que realmente importa e a construir algo duradouro. Se você busca uma abordagem prática, fundamentada em experiências autênticas, este livro é leitura obrigatória. Aqui, Rodrigo compartilha não apenas o que aprendeu, mas o que viveu, com o propósito de ajudar outros a alcançar o sucesso de forma genuína e consistente.

Tamo junto!

ALFREDO SOARES
Presidente da Loja Integrada, fundador do G4
Educação e autor best-seller

INTRODUÇÃO

Ao final da festa de um dos meus aniversários, um grande amigo observou que nunca havia estado em um evento tão diversificado. Ele se considerava uma pessoa eclética, mas ficou surpreso ao ver pessoas de diferentes classes sociais, formações e, principalmente, de grupos sociais completamente distintos reunidas em um só lugar. Esse comentário me fez refletir sobre o ambiente empresarial – assim como em uma festa, as organizações prosperam na diversidade.

No mundo dos negócios, é fundamental adotar uma postura aberta e inclusiva. Muitas vezes, acreditamos que uma única "bala de prata" – isto é, uma ideia ou estratégia extraordinária – é suficiente para garantir o sucesso. No entanto, a verdade é que o crescimento sustentável de uma empresa exige uma abordagem multifacetada. Este livro foi concebido para, a partir desse novo olhar, apresentar caminhos que podem impulsionar qualquer empreendimento.

Nos últimos anos, tenho me deparado com uma infinidade de livros que discutem temas como valores, visão, missão e a mentalidade do fundador. Muitos deles abordam estratégias para fazer uma empresa escalar e prosperar. Acredito, porém, que devemos nos debruçar sobre questões ao mesmo tempo simples e mais profundas e que constroem a base de um NEGÓCIO DE VERDADE.

As estatísticas são alarmantes: a maioria das empresas no Brasil enfrenta dificuldades significativas, especialmente durante a fase de manutenção. Segundo dados do Sebrae publicados em 2023, os chamados microempreendedores, que operam sob o regime de Microempreendedor Individual (MEI), apresentam um dado preocupante: após cinco anos de atividade, 29% desses pequenos negócios encerram suas operações. Não podemos ignorar essa realidade. E essa situação não se restringe apenas aos microempreendedores. Nos pequenos negócios em geral, a taxa de encerramento é igualmente alta, com 21,6% das empresas fechando as portas a cada cinco anos.

As Empresas de Pequeno Porte (EPPs) apresentam uma taxa de mortalidade mais baixa, de 17% após o quinto ano, mas quando olhamos especificamente para o setor do comércio, a situação se agrava. Nesse segmento, 30,2% das empresas encerram as atividades em cinco anos. Este livro é especialmente direcionado aos empresários do comércio e do varejo.[1]

---

1   A TAXA de sobrevivência das empresas no Brasil. Sebrae, 29 mar. 2023. Disponível em: https://sebrae.com.br/sites/ PortalSebrae/artigos/a-taxa-de-sobrevivencia-das-empresas- no-brasil,d5147a3a415f5810VgnVCM1000001b00320aRCRD. Acesso em: 18 out. 2024.

Em tempo: mesmo para as indústrias que apresentam taxas de mortalidade um pouco menores, as lições aqui abordadas também são aplicáveis. No entanto, minha ênfase será nas complexidades enfrentadas no dia a dia pelos empreendedores que vendem produtos e serviços.

Existem diversos fatores que contribuem para o fechamento precoce do negócio. E um dos principais é justamente a falta de preparo pessoal. Muitos empresários estão tão imersos nas operações diárias e preocupados em cumprir suas obrigações financeiras que não conseguem se atualizar ou buscar novas ferramentas para o crescimento de seus negócios.

É comum que esses empreendedores vejam suas empresas apenas como uma fonte para pagar contas, sem perceber que podem ser ferramentas de desenvolvimento e independência financeira. Minha proposta é oferecer algumas estratégias e recursos para aqueles que estão presos ao cotidiano operacional e se afastam do pensamento tático e estratégico.

Apesar de o brasileiro ser reconhecido como um ótimo executor e um empreendedor nato, a prática de planejamento ainda é negligenciada. Compreendo que a execução é fundamental, mas é o planejamento que possibilita alcançar resultados de modo mais eficiente e evita que a empresa feche suas portas antes do tempo. O desenvolvimento sustentável é fruto de organização, visão estratégica e execução eficaz.

Neste livro, convido você a embarcar em uma jornada de descoberta e aprendizado a partir de uma gestão mais eficiente, utilizando ferramentas simples que podem fazer toda a diferença no enfrentamento dos desafios cotidianos. Este não é apenas mais um manual de negócios; é um verdadeiro bate-papo de empresário para empresário.

Aqui você encontrará insights que talvez não sejam encontrados em outras obras. A razão é simples: a dor e os desafios que enfrentamos todos os dias só podem ser verdadeiramente compreendidos e expressos na linguagem de alguém que os vive. **O diferencial deste livro é a conexão autêntica**.

Meu principal objetivo é que você possa se identificar com as experiências e reflexões apresentadas. Quero que você consiga manter seu negócio em pé, seja ele voltado para a prestação de serviços ou para a venda de produtos. Reconheço que essa tarefa é desafiadora – mas é possível, não apenas por meio de obras teóricas de qualidade e estatísticas atualizadas mas principalmente pela minha vivência como empresário. Sou como você. Passamos por situações parecidas.

Ao longo das próximas páginas, espero que você encontre não apenas conselhos práticos mas também um espaço de empatia e compreensão. Que este livro sirva como um guia para você navegar pelas complexidades do mundo dos negócios com mais confiança e clareza. Afinal, a verdadeira essência de um negócio reside na capacidade de superar obstáculos e adversidades e mesmo assim prosperar!

A EXECUÇÃO É FUNDAMENTAL, MAS É O PLANEJAMENTO QUE POSSIBILITA ALCANÇAR RESULTADOS DE MODO MAIS EFICIENTE E EVITA QUE A EMPRESA FECHE SUAS PORTAS.

A arquitetura do varejo do futuro
@rodrigowaughan

01

A DOR DO EMPRESÁRIO

Uma pergunta frequente que recebo é:

COMO FAÇO PARA EQUILIBRAR NA VIDA PROFISSIONAL TEMPO, DINHEIRO E SAÚDE?

Muitos colegas empresários relatam que, em algum momento do passado, tinham tempo e saúde, mas pouco dinheiro. Com o passar dos anos, conseguiram acumular recursos financeiros, mas a saúde e o tempo tornaram-se escassos. Essa é uma realidade comum, pois normalmente quando se conquista dinheiro e tempo, muitas vezes a saúde já não acompanha.

Esse cenário ocorre porque, ao abrir uma empresa, o empreendedor se torna 100% operacional. Ele está sempre presente e realiza diversas funções: atende e vende, recebe pagamentos, faz compras e treina a equipe. Com o tempo, esse empresário se vê preso à operação, sem conseguir se afastar para focar aspectos mais estratégicos do negócio.

Não são poucos aqueles que falam da importância de se afastar do operacional e se concentrar no estratégico, mas esse é um ponto onde muitos se perdem. Em vez de delegar tarefas, acabam "delargando" — ou seja, passam a responsabilidade para outros que talvez não tenham a competência necessária e se distanciam da lida diária.

No início, enquanto a empresa é pequena, o empresário conhece todos os seus colaboradores pelo nome e sobrenome. A empresa está 100% em suas mãos e a gestão é mais fácil. À medida que a empresa cresce, a necessidade de delegar funções se torna evidente. O empresário deve deixar de ser tão operacional e adotar uma abordagem mais tática. Ele começa a se afastar das atividades diárias, mas ainda mantém uma supervisão ativa: conversa regularmente com a equipe e garante que as operações estejam indo bem.

Quando ele finalmente se move para um papel estratégico, sua visão se expande. Ele não apenas observa o que acontece dentro da empresa mas também olha para o mercado externo. E vai atrás de novas oportunidades, perspectivas e metas. É nesse momento que ele pode verdadeiramente se distanciar da operação, permitindo que outros cuidem do dia a dia. Evidentemente, essa transição não é fácil, pois, assim como o dinheiro não aceita desaforo, a empresa não admite um líder ausente.

Esse ciclo é natural, mas é crucial que o empresário aprenda a delegar de maneira eficiente, permitindo que a empresa siga seu curso com autonomia. O empresário flutua entre as fases estratégica, tática e operacional, um ciclo dinâmico que responde às necessidades e aos desafios do negócio em diferentes momentos. Aqui está uma visão mais detalhada de como essa transição ocorre:

1. **Fase operacional**: no início da jornada empresarial, o empresário se encontra predominantemente na fase operacional. Ele é responsável por executar as atividades diárias, como vendas, atendimento ao cliente, controle de estoque e gerenciamento financeiro. Nesta fase, a atenção está voltada para a execução das tarefas e a resolução de problemas imediatos. O empresário está diretamente envolvido em todas as operações da empresa, o que pode levar à sobrecarga de trabalho e à dificuldade em enxergar o quadro geral.

2. **Transição para a fase tática**: à medida que a empresa começa a crescer e a demanda aumenta, o empresário percebe a necessidade de delegar algumas funções. Essa transição para a fase tática envolve a definição de processos e a implementação de estratégias que permitam uma melhor gestão do tempo e dos recursos. O empresário começa a formar uma equipe, atribui responsabilidades e procura desenvolver um sistema de comunicação eficaz. No entanto, pode haver uma tendência a "delargar" em vez de delegar. Ou seja, esse processo ocorre sem critério, tarefas importantes caem em mãos despreparadas e o empresário precisa correr atrás do prejuízo. É preciso ter muito cuidado.

3. **Fase estratégica**: quando a empresa alcança um certo nível de maturidade, o empresário é desafiado a se afastar das operações e focar a estratégia.

A dor do empresário   29

Nesta fase, ele analisa o mercado, identifica novas oportunidades, define metas de longo prazo e trabalha no desenvolvimento de uma visão clara para o futuro do negócio. O empresário precisa estar atento às tendências do setor, à concorrência e às necessidades dos clientes. Essa mudança exige uma mentalidade diferente. O foco se desloca da execução para a criação de valor e o posicionamento da empresa no mercado.

O empresário pode flutuar entre essas fases conforme as circunstâncias mudam. Por exemplo, em momentos de crise ou desafios inesperados, ele talvez precise retornar à fase operacional para garantir que as operações funcionem sem problemas. Essa oscilação é normal e necessária, mas requer um equilíbrio cuidadoso. O empresário deve identificar quando é apropriado se envolver nas operações e quando deve se afastar para se concentrar na estratégia e no planejamento.

Para gerenciar essa situação, o empresário precisa realizar avaliações regulares do desempenho da empresa, das necessidades do mercado e das capacidades da equipe. Isso ajuda a determinar se ele precisa se concentrar mais na operação, na tática ou na estratégia em um determinado momento.

Defendo com convicção a existência de uma quarta fase, que raramente é abordada em livros de empreendedorismo: *a Fase Inspiracional*. Nesta etapa, o empreendedor já não está mais presente nas operações cotidianas da empresa e se torna um símbolo de crescimento e exemplo a ser seguido dentro do negócio. Tal fase pode ocorrer por diversos motivos, como o afastamento para assumir um papel no conselho administrativo, ou, em situações mais trágicas, após o falecimento do fundador.

A fase inspiracional é crucial para a continuidade e a cultura organizacional da empresa. Quando um empreendedor atinge esse estágio, ele deixa um legado que transcende a sua presença física. Essa fase representa uma transição em que o foco se desloca da gestão operacional para a construção tanto de uma identidade como de uma cultura corporativa sólidas, enraizadas nos valores e na visão que o fundador estabeleceu.

Na fase inspiracional, o empresário se torna um ícone. Suas histórias, suas decisões e sua visão se transformam em parte fundamental da cultura organizacional da empresa. Os colaboradores e a liderança se inspiram em sua trajetória, criando um ambiente em que os valores e a missão da empresa são vividos diariamente. Essa cultura forte é um fator determinante para a retenção de talentos e para a motivação das equipes.

Mesmo afastado das operações, o empreendedor pode continuar a influenciar o rumo do negócio – ele assume o papel de mentor. Nesse contexto, sua experiência e sabedoria se tornam recursos valiosos para a nova geração de líderes que toma as rédeas da empresa. A orientação do fundador pode ajudar a guiar a empresa em momentos de incerteza e garantir que as decisões estejam alinhadas com a visão original.

A dor do empresário

A presença do fundador como figura inspiracional também serve como símbolo de crescimento e inovação. Ele representa tudo o que a empresa conquistou e a trajetória que ainda pode ser percorrida. Essa imagem pode ser fundamental para atrair novos investidores, parceiros e clientes, uma vez que demonstra a solidez e a resiliência do negócio.

No Grupo Gérbera_+, dedico-me constantemente a valorizar a imagem de meu pai como sócio-fundador. Trata-se de reconhecer a importância fundamental que ele teve no início do negócio. Ao mesmo tempo, busco destacar a trajetória que construí ao longo do processo.

Meu objetivo é integrar a fase inspiracional, que reverencia o legado de um sócio falecido, enquanto valorizo a presença ativa do outro fundador. Essa abordagem está alinhada com a promoção dos valores e do legado de nossos fundadores, para assim inspirar e guiar nossa equipe e nossas operações.

A fase inspiracional pode ser um divisor de águas para a sustentabilidade do negócio. Quando os empreendedores se afastam do dia a dia das operações, é fundamental que a empresa esteja preparada para essa transição. Estruturas de governança, planos de sucessão e a formação de uma equipe de liderança competente são essenciais para garantir que a empresa continue a prosperar, mesmo sem a presença constante do fundador.

O GUARDIÃO DA CULTURA

"O olho do dono engorda o gado."

Esta frase sempre fez parte da minha compreensão sobre a importância da presença ativa na gestão de um negócio. No entanto, ao longo da minha jornada como empresário, percebi que meu papel deve ir além dessa supervisão direta. Ao me tornar um líder mais estratégico e guardião da cultura da empresa, realmente evoluí nas práticas empresariais.

Quando passei a adotar uma visão mais ampla e analítica, não apenas cuidei das operações diárias mas também comecei a focar aspectos cruciais, como planejamento de longo prazo, desenvolvimento de estratégias de crescimento e adaptação às mudanças do mercado. Essa abordagem me permitiu identificar oportunidades e desafios de maneira mais eficaz, garantindo que a empresa não apenas sobrevivesse mas prosperasse, tanto na minha presença quanto na minha ausência.

Ao assumir a responsabilidade de ser o guardião da cultura da empresa, desempenhei um papel vital na definição e promoção dos valores e princípios que orientam nossa organização. Entendi que uma cultura forte e alinhada com nossa visão é fundamental para motivar os colaboradores, aumentar a retenção de talentos e criar um ambiente de trabalho positivo. Quando abracei a ideia de ser um exemplo a ser seguido, nossa organização começou a crescer de maneira mais significativa em comparação com os concorrentes.

Essa visão estratégica não diminuiu meu comprometimento; pelo contrário, transformou-me em um líder mais eficaz e inspirador. Ao analisar a empresa sob diferentes ângulos e ser um defensor ativo da cultura organizacional, percebi que meu papel não se resumia a "engordar o gado" mas a assegurar uma base sólida para o crescimento sustentável e a inovação. A combinação de presença, estratégia e cultura fortaleceu nossa empresa e nos preparou para os desafios futuros.

Como guardião da cultura, compreendi que essa responsabilidade é essencial para o sucesso e a sustentabilidade do negócio. A cultura organizacional, que abrange valores, crenças e comportamentos compartilhados, forma a base sobre a qual operamos. Ao definir a visão e a missão da empresa, estabeleci um propósito claro que orienta todos os colaboradores, alinhando seus esforços em torno de objetivos comuns. Tudo isso promove um ambiente de trabalho coeso e motivador.

Além disso, sempre busquei ser um defensor da cultura em todas as interações, desde o recrutamento até o cotidiano da operação. É imprescindível garantir que novas contratações compartilhem nossos valores e que todos na empresa, independentemente de sua posição, sejam incentivados a viver esses princípios. Assim, não só fortaleço a cultura mas também atraio e retenho talentos que se identificam com nossos valores.

Quando alguém menciona que faço parte da contratação de todos os empregados da empresa, pode parecer uma afirmação exagerada, afinal não sou eu quem entrevista e seleciona pessoalmente cada candidato. No entanto, é importante esclarecer que meu papel é fundamental na formatação do processo de seleção. Isso significa que participo ativamente da definição de critérios, valores e características que buscamos nos novos colaboradores.

Minha influência começa na elaboração de uma descrição clara do que procuramos. Para nossa organização, não bastam apenas as habilidades técnicas; é preciso reconhecer e incorporar valores que são essenciais para a nossa cultura organizacional. Meu objetivo é que cada nova contratação não seja apenas uma adição ao time mas que também se alinhe com nossos princípios e visão.

Além disso, estou envolvido na definição dos métodos de entrevista e nas dinâmicas que serão utilizadas para avaliar os candidatos. Isso inclui decidir quais perguntas devem ser feitas, para que possamos entender não apenas a experiência profissional, mas também as atitudes e os comportamentos que os candidatos trazem.

Acredito que essas dimensões são cruciais para garantir que a pessoa escolhida desempenhe com eficiência suas funções e contribua para um ambiente de trabalho positivo e colaborativo. Portanto, mesmo que não participe diretamente de cada contratação, minha atuação no processo de seleção é vital para moldar a equipe e, consequentemente, a cultura da empresa.

Ao estabelecer um padrão claro sobre quem queremos em nosso time, ajudo a construir uma organização que ao mesmo tempo atinja seus objetivos e promova um espaço onde todos se sintam valorizados e motivados a contribuir. Isso é o que realmente faz a diferença na formação de um time coeso e alinhado com nossos objetivos.

Em tempos de mudança ou crise, minha função como guardião da cultura se torna ainda mais crucial. Comunico os valores fundamentais da empresa e asseguro que, mesmo em momentos desafiadores, nossa cultura permaneça intacta e sirva como um guia para a tomada de decisões.

Em suma, ao me ver como guardião da cultura da empresa, protejo os valores que sustentam nosso negócio e impulso um ambiente positivo, no qual tenhamos produtividade, inovação e satisfação dos colaboradores. Isso contribui significativamente para o sucesso a longo prazo da nossa organização.

GESTÃO DE TEMPO

Sem falsa modéstia, acredito que meu principal diferencial é a capacidade de implementar uma gestão de tempo eficaz. Essa habilidade me permite equilibrar trabalho, momentos de qualidade com a família e a prática diária de atividades físicas.

Mas nem sempre foi assim. Já estive em situações em que trabalhava incessantemente, sem pausas para descanso de qualidade, sem tempo para a academia e, muitas vezes, deixando de me alimentar adequadamente. Essa mudança começou a ocorrer quando retornei de um congresso em Florianópolis e, ao ver uma foto minha com o corpo visivelmente diferente, não me reconheci e notei que alguma coisa estava errada. Passei a dizer NÃO para tudo que me tirava do foco.

Sempre fui uma pessoa com grande capacidade de execução. Nunca fui preguiçoso nem inventei desculpas para evitar atividades físicas ou ir ao trabalho. Enfrentava, porém, um desafio com a gestão do meu tempo. As vinte e quatro horas do dia pareciam insuficientes para cumprir todas as minhas tarefas, principalmente porque não tinha um planejamento adequado. Embora eu tivesse horários para compromissos, não seguia um cronograma definido.

Foi então que, em uma conversa com um consultor, compreendi a importância do planejamento – não apenas para a minha empresa, mas, sobretudo, para a minha vida pessoal. Essa mudança me permitiu encaixar todas as minhas obrigações na semana. Inicialmente, foquei a recuperação da minha saúde e o peso que havia ganho. O problema é que gastava muito tempo entre exercícios e trabalho, sem uma organização sistemática e correta.

Decidi, então, desenhar meu dia. Planejei as atividades pela manhã e à tarde, identifiquei o que consumia mais meu tempo e os horários vagos. Com essa estruturação, percebi que, ao ter uma agenda organizada, conseguia trabalhar de maneira mais tranquila. Não é só uma questão de anotar tarefas: é preciso ter método. Priorizei minha agenda pessoal, programando a atividade física em horários menos propensos a compromissos, como cedo pela manhã ou no final do dia.

A dor do empresário

Assim, estabeleci que meus treinos seriam das 6h às 7h, deixando a manhã livre até as 10h para atender reuniões, especialmente considerando a diferença de fuso horário na região que resido.

Minhas tardes foram dedicadas a reuniões e visitas às operações, com um retorno do almoço por volta das 14h30 e saída às 17h30. Sempre que necessário, estendi meu horário, mas passei a evitar sair da empresa às 20h ou 21h. Quando consegui organizar minha programação para estar em casa às 18h, e às 21h30 na cama pronto para dormir, percebi que estava no caminho certo.

Após estruturar minha rotina, percebi que a gestão do meu tempo estava diretamente ligada ao que acontecia na minha empresa. A execução também era uma característica forte da equipe, mas o planejamento era o ponto de melhoria. O foco estava apenas em pagar contas e gerar lucro.

Ao perceber que poderia aplicar o mesmo método de organização que usei na minha vida pessoal na empresa, começamos a desenvolver um planejamento estratégico, com reuniões diárias, semanais, mensais, trimestrais, semestrais e anuais.

A gestão do tempo é uma habilidade essencial que impacta diretamente a produtividade e o bem-estar pessoal e profissional. Em um mundo cada vez mais acelerado, no qual demandas e compromissos parecem se multiplicar, a capacidade de organizar e priorizar tarefas é fundamental para alcançar objetivos e evitar o estresse.

Entendi que uma boa gestão de tempo permitiu que a empresa que presido utilizasse seus recursos de maneira mais eficiente. Ao planejar as atividades diárias, foi possível identificar o que realmente importa. Pude, portanto, me concentrar nas tarefas que traziam resultados significativos. Isso não apenas aumentou a produtividade mas também ajudou a evitar a procrastinação, que resultava em prazos perdidos e pressão desnecessária.

Além disso, a gestão do tempo contribuiu para um equilíbrio saudável entre vida pessoal e profissional. Ao dedicar tempo para o lazer, o autocuidado e as relações pessoais, notei que minhas energias estavam mais carregadas e que me cansava menos, pois fazia o trabalho com prazer. O estilo de vida mais equilibrado e satisfatório gerado por essa mudança pessoal na gestão de tempo impactou diretamente minha vida e de toda a empresa.

Outra vantagem da gestão eficaz do tempo que senti foi a melhoria na tomada de decisões. Com um planejamento bem-estruturado, as pessoas passaram a ter mais clareza sobre suas prioridades e a quem se reportar, resultando em uma melhor avaliação das opções disponíveis em momentos corriqueiros ou em gestão de crise. Notei ainda que essas atitudes conduziram a escolhas mais conscientes e alinhadas com objetivos de curtíssimo, curto, médio e longo prazo.

A gestão do tempo promoveu no Grupo Gérbera_+ um ambiente de trabalho mais harmonioso. Quando as

A dor do empresário

equipes estão organizadas e cientes de suas responsabilidades, a colaboração torna-se mais fluida e produtiva. A comunicação melhora e os conflitos diminuem. O clima de trabalho fica mais positivo e engajado.

Criamos assim uma estrutura bem-definida para a empresa. Não temos mais a necessidade de correr sempre de um lado para o outro. Quando vi que a empresa seguia o mesmo ritmo — com planejamento e execução — percebi que era hora de implementar novos passos e catalogar tudo o que poderia ser feito para aprimorar a empresa que ajudei a construir.

Ao longo desse trajeto, percebi que a falta de gestão do tempo, aliada a uma cultura não estratégica e exclusivamente operacional, são as duas maiores dificuldades enfrentadas pelos empresários. Essa combinação gera um círculo vicioso que pode comprometer o crescimento e a sustentabilidade dos negócios. Ao reconhecer essa realidade, decidi escrever esta obra. Com base em situações reais, meu objetivo é oferecer soluções práticas que possam beneficiar empresas de diversos setores.

Aproveitem esta obra como se fosse um grande bate-papo de empresário para empresário. Ou seja, para aqueles que trabalham em NEGÓCIOS DE VERDADE.

NÃO BASTAM APENAS AS HABILIDADES TÉCNICAS; É PRECISO RECONHECER E INCORPORAR VALORES QUE SÃO ESSENCIAIS PARA A NOSSA CULTURA ORGANIZACIONAL.

A arquitetura do varejo do futuro
@rodrigowaughan

02

O CLIENTE NO CENTRO: ESTUDANDO E EXPLORANDO CANAIS DE VENDAS

O Grupo Gérbera_+ iniciou seus trabalhos como a maioria das empresas: em um sistema tradicional com um único canal de venda – neste caso, o canal loja – que foi e continua sendo nosso templo, com um excelente atendimento e estratégia focada para o crescimento orgânico do canal.

Com o passar do tempo, iniciamos um segundo canal: o de venda direta, que estava em pleno desenvolvimento e crescimento, com muita inspiração e transpiração. Com o planejamento estratégico ajustado e o operacional rodando muito bem, a digitalização da empresa estava a todo vapor.

Foi então que, no início de 2020, surgiu a pandemia de covid-19. As empresas e os clientes foram pegos de surpresa com o fechamento temporário de operações de varejo que não se enquadravam como distribuidoras de serviços essenciais. Essa foi uma situação devastadora para proprietários de empresas e seus colaboradores, o que provocou um efeito cascata em nossa economia. Afinal, quando uma empresa fecha, afeta não apenas seus funcionários mas também fornecedores e prestadores de serviços que dependiam dela, além de suas famílias.

Com o fechamento das lojas físicas, os empresários precisaram se virar com pagamento de contas e renegociação com credores, o que não foi fácil para ninguém, principalmente para aqueles que trabalhavam com apenas um canal de venda.

Particularmente, nunca acreditei que o varejo físico morreria. A minha crença é e sempre foi a mesma: o cliente precisa estar no centro, seja qual for o ramo em que você atua. O varejista precisa dar opções de atendimento ao cliente, para que este tenha a melhor experiência possível.

> ## O CLIENTE SEMPRE É A PESSOA MAIS IMPORTANTE EM QUALQUER NEGÓCIO. ELE É O ÚNICO QUE TEM O PODER DE DEMITIR QUALQUER PESSOA.

Se o cliente não souber como comprar seu produto, não haverá venda. Foi exatamente isso que ocorreu na pandemia. Clientes não conseguiam contatar as lojas físicas – que estavam fechadas – e foram obrigados a procurar outros canais para comprar os produtos que desejavam e precisavam naquele momento.

Os empresários mais atentos às inovações do varejo e que já trabalhavam com o conceito de colocar o cliente no centro já operavam com o omnichannel e a multicanalidade. Ambos têm o mesmo objetivo final: entregar a melhor experiência ao cliente.

Mas qual é a diferença entre essas duas palavras?

Omnichannel é uma estratégia que integra marketing, vendas e atendimento ao cliente para oferecer uma experiência contínua e integrada, independentemente do canal ou ponto de contato utilizado pelo cliente. Uma estratégia omnichannel remove as barreiras que podem existir entre os canais, como dados isolados e processos desconectados. Isso permite que você forneça uma experiência consistente para seus clientes, não importa como eles escolham interagir com você, seja por meio de mídias sociais, na loja física, on-line ou por telefone.

Omnichannel não significa adicionar mais canais apenas por adicionar. É o contrário. Trata-se de adotar uma abordagem estratégica e holística para criar experiências integradas para o cliente. Para fazer isso com sucesso, você precisa compreender o seu público e suas necessidades. Só assim você pode começar a trabalhar na criação de jornadas de clientes coesas que abranjam todos os pontos de contato.

É importante entender a diferença entre omnichannel e multicanal quando se trata de sua estratégia de marketing. Multicanal significa estar presente em vários canais, mas não necessariamente integrá-los. O omnichannel, por outro lado, integra esses canais para que haja uma experiência perfeita para o cliente, não importa onde ele esteja interagindo com sua marca.

Muitas vezes, o omnichannel é considerado a melhor opção porque fornece uma experiência mais clara e abrangente para os clientes. No entanto, pode ser mais difícil de executar por causa da necessidade de uma forte integração entre os canais. As barreiras tecnológicas e financeiras às vezes tornam difícil sua atuação perante a integração do marketing com a venda, o estoque e a entrega com o Net Promoter Score (NPS). O NPS, para quem não sabe, é uma métrica que mede o nível de satisfação do cliente. Foi criada pelo executivo norte-americano Fred Heichheld em 2003.

Escrever sobre tal tema é complexo, mas explicar ao Joãozinho das Quintas, dono da barraca de cachorro-quente, localizada no Abial, bairro da cidade de Tefé, no interior do Amazonas, é muito mais difícil. Além de todos os problemas logísticos e educacionais, a falta do dinheiro para garantir o sustento da sua família só fazia com que o desespero aumentasse e as vendas minguassem.

No fatídico dia 23 de março de 2020, tivemos que fechar todas as operações do Grupo Gérbera_+. Confesso que fiquei por quinze dias desenhando todas as formas de atendimento e entregas possíveis para minimizar os prejuízos, pois aquele não era o momento de ganhar dinheiro, e sim de cuidar da saúde, reorganizar a empresa e garantir a continuidade da operação.

Naquele momento, fiz um trato comigo mesmo: não iria quebrar e estudaria cada vez mais o omnichannel e a multicanalidade para entregar aos nossos clientes em todos os lugares.

Em 2020, trabalhávamos com canais de vendas bem endereçados. Vejamos como funcionava:

- Canal de loja – Operação focada no consumidor final com lojas físicas, bem desenhada e com excelente tração;
- Canal de venda direta – Operação focada na revendedora, bem desenhada e com excelente tração;

- Canal de venda *in company* (VIC) – Operação focada na venda dentro de empresas, bem desenhada e em desenvolvimento;
- Vendas na internet – Operação focada no cliente final, bem desenhada, porém com baixa tração.

Com o fechamento das lojas e das empresas, dois canais de venda foram diretamente impactados: os canais de loja e VIC. Com as lojas fechadas, não tínhamos como vender. Com as empresas fechadas, não era possível colocarmos nossos stands para atendimento de nossos clientes dentro das empresas parceiras que atendíamos. O canal de venda *in company* foi o mais impactado e teve que ser adormecido temporariamente, só voltando à ativa em novembro de 2022.

O canal de venda direta foi o nosso sustento. Graças a muita inspiração e transpiração, conseguimos entregar a nossos revendedores os produtos que distribuímos para que estes pudessem fazer sua renda extra e entregar para seus respectivos clientes finais.

E COMO FOI A NOSSA REINVENÇÃO NO CANAL DE LOJA?

Após o fechamento das lojas e com todo nosso time comercial do canal loja em casa, comunicamos férias temporárias de dez dias para todos e passamos a desenhar como chegaríamos ao cliente final de maneira mais assertiva via WhatsApp, já naquela época o aplicativo mais utilizado pelos brasileiros.

A ideia inicial de utilizar o WhatsApp no Grupo Gérbera_+ não foi minha. Foi da nossa supervisora do canal de loja, Paula Sampaio. Paula e nosso antigo gerente-geral, Tarquínio Carvalho, me convenceram de maneira muito rápida a embarcar nessa jornada.

Veja o depoimento de Paula sobre este case.
www.youtube.com/watch?v=FzSq4WK6n_4D

Caímos de cabeça nessa nova fase. O WhatsApp se tornou uma tábua de salvação para muitas pessoas durante a pandemia. O aplicativo de mensagens foi usado para coordenar os esforços de socorro, disseminar informações sobre o vírus, manter contato com os entes queridos e foi particularmente importante em países onde os meios de comunicação tradicionais eram censurados ou desconfiáveis.

Na época da pandemia, eu fazia a medição do número de infectados e do número de hospitais ocupados com base nos dados fornecidos pelo governo. Naquele momento, escolhi partir dos dados oficiais para fazer uma análise diária do que acontecia no Amazonas, para comunicar as estratégias de como agiríamos no dia a dia da empresa e como entregaríamos a missão do Grupo Gérbera_+.

Para minha surpresa, porém, os relatórios que eu fazia da pandemia vazaram e começaram a ser discutidos na mesa dos amazonenses, como um farol para boa parte da população, assim como de alguns outros empresários, políticos e jornalistas que compartilhavam dados diários sobre o tema.

Após a conversa com a Paula e o Tarquínio, o que pensei? O WhatsApp é um aplicativo de mensagens que tem se tornado cada vez mais popular e agora é uma ferramenta essencial para empresas de todos os tipos, podendo ser usado para:

- comunicar-se com clientes;
- fornecer atendimento ao cliente;
- promover vendas;
- fazer promoções especiais;
- enviar links de produtos;
- responder perguntas de clientes;
- fornecer atualizações sobre prazos de envio e entrega.

Naquele momento, qual era o grande desafio de todas as empresas? Construir relacionamentos com clientes e ter seus contatos. Muitas precisariam partir do ponto zero, pois atuavam no canal de loja apenas como um canal passivo de vendas e precisariam, a partir daquele momento, trabalhar como ponto ativo também.

O nosso grande diferencial é que já tínhamos um Customer Relationship Management (CRM), que é a

O cliente no centro: estudando e explorando canais de vendas   49 gestão de relacionamento com os clientes, em amplo formato desde 13 de agosto de 2002, pois sempre acreditamos que o contato mais direto com nosso cliente seria o grande diferencial da nossa operação.

O relacionamento sempre foi nosso diferencial e, como já tínhamos os contatos de 70% de nossos clientes devidamente catalogados, foi a hora de criar a estratégia para entrar em contato com nossos clientes do canal de loja através dos colaboradores de nossa equipe que estavam em casa.

O nosso WhatsApp começou a atuar em 3 de abril de 2020, ou seja, doze dias corridos após o fechamento de todas as nossas operações físicas. Com essa estratégia, mesmo após todas as nossas lojas serem fechadas, tivemos números incríveis em nossas operações. Vejamos:

- abril (21% das vendas do mesmo canal *versus* 2019);
- maio (67% das vendas do mesmo canal *versus* 2019);
- junho – 1º até 14/6 - (95% das vendas do mesmo canal *versus* 2019).

No dia 15 de junho de 2020, as lojas foram reabertas. Uma data histórica para todo varejo manauara. Mesmo com várias medidas restritivas de decretos estaduais, conseguimos reabrir nossas operações físicas. Em conversa com outros empresários, era visível que a maioria não tinha seguido a mesma estratégia e a reabertura das lojas seria um novo marco, pois muitos não sabiam como operar naquele momento. No entanto, nos mantivemos humildes em ouvir todo mundo, principalmente o Grupo Boticário e a Fundação Dom Cabral. Ambos foram muito importantes em nosso desenvolvimento naquele momento para a readequação perante o que estava por vir. Estabelecemos um planejamento estratégico consciente e com Objective Key Results (OKRs) bem alinhados.

Enquanto todos reclamavam de uma volta tímida, vimos algo mágico acontecer no período de 15 a 30 de junho daquele ano: um crescimento no canal de loja de 21% *versus* o mesmo período de 2019, o que resultou no crescimento de 6,5% desse canal no mês de junho de 2020, mesmo com metade do mês de lojas fechadas.

E para terminar de falar sobre números, em julho de 2020, passamos a crescer 21% no canal de loja, enquanto o mercado ainda estava se recuperando de meses sangrentos, tanto no mundo empresarial quanto na vida pessoal, com as pessoas psicologicamente abaladas pela pandemia.

No Grupo Gérbera_+ nos recusamos a ficar acomodados e mesmo com o retorno das lojas físicas não deixamos de atender também de maneira digital, pois passamos a dar mais opções de atendimento de nossas lojas a nossos clientes, com mais de dez formas de atendimento no canal de loja por meio físico, site ou mídias sociais – estas trazem *leads* para atender nossos consumidores finais.

O cliente no centro: estudando e explorando canais de vendas

E COMO FOI A REINVENÇÃO DO CANAL DE VENDA DIRETA?

Com o relato da jornada da venda direta do Grupo Gérbera_+ no período da pandemia, é possível escrever um livro à parte. Porém, vou trazer algumas histórias bem interessantes. E elas começam antes da pandemia.

O nosso canal de venda direta já estava bem desenhado. CRM andando, estoque robusto e pessoas trabalhavam normalmente. Até que chegou a pandemia e todos os problemas trazidos com ela surgiram. Noventa por cento do nosso quadro de colaboradores de venda direta foram infectados. Houve casos de milagrosas recuperações de colaboradores que lutaram pela vida para em seguida voltar a trabalhar em nossas operações. Foi muito difícil, mas fizemos do limão uma limonada.

Eu pensava da seguinte forma:

Estamos todos vivendo em um mundo que está em constante evolução e a pandemia só está acelerando isso. Estamos passando por uma mudança na forma como as pessoas vivem suas vidas. Muitas agora trabalham de casa e compram itens on-line, em vez de irem às nossas VD's. Alguns varejistas se adaptaram a essa nova realidade, oferecendo opções de coleta ou entrega sem contato na calçada. Outros se tornaram totalmente digitais, com a venda de seus produtos on-line no lugar de operações físicas.

Não posso deixar passar essa oportunidade de digitalização e de experimentar todas as formas de vendas para nossas revendedoras, que já estão em contato com nosso time de venda de maneira virtual.

Com o fechamento de nossa operação física, todos os nossos colaboradores foram para casa, com exceção dos nossos guerreiros do estoque e do nosso time que realiza as entregas. Mas as vendas no WhatsApp estavam apenas no começo.

O CRM já estava formado. E, mesmo sem o contato físico que sempre foi a base do nosso relacionamento, precisávamos nos encontrar com nossos revendedores, nem que fosse on-line. Mas como fazer isso em uma plataforma leve, acessível aos nossos revendedores e que de preferência estivesse nas mãos deles?

Eu não consumo nenhum tipo de bebida alcoólica. Não por caretice, mas porque não simpatizo com o gosto do álcool. Porém, não posso dizer o mesmo de meus amigos e de vários de nossos colaboradores que adoram tomar uma cerveja gelada no seu horário de lazer, o que é natural e até saudável se feito com moderação. Mas por que estou falando de bebida em um capítulo de varejo? Porque, nesse caso específico, o álcool ativou mais um canal de vendas no Grupo Gérbera_+.

Em uma sexta-feira de abril de 2020, com todas as nossas operações fechadas, a nossa coordenadora de venda direta do bairro São José, Valéria Araújo, chegou levemente cansada. Foi quando nossa gerente do canal de venda direta, Suzana Silva, notou seu cansaço e perguntou o que tinha acontecido. Rapidamente ela respondeu que estava com sono, pois ficou assistindo à live da cantora Marília Mendonça e tomou cerveja até tarde. A reação da Suzana foi surpreendente, pois em vez de retrucar (até porque ela adora tomar uma cerveja estupidamente gelada), ela devolveu a resposta com a seguinte pergunta: "O que você acha de fazermos uma live de vendas para nossos revendedores?"

Naquele momento foi criada a nossa live, voltada exclusivamente para nossos revendedores de venda direta. Mas quem seriam nossos apresentadores? Será que contrataríamos algum apresentador de televisão? Será que existe alguma ou algum digital influencer que saiba apresentar uma live para um nicho tão específico?

Entendemos que não fazia sentido contratar nenhum apresentador. Até porque sair por essa vertente poderia nos afastar do relacionamento com nosso time. Foi então que tivemos a ideia de trazer os nossos próprios supervisores de venda direta, que são os vendedores responsáveis por suas respectivas bases de cliente. A razão é fácil de entender: além de possuírem um bom relacionamento com os revendedores, eles também conhecem os produtos e recebem respectivamente suas comissões nas vendas para clientes de sua respectiva base.

Veja o depoimento de Valéria sobre este case.
www.youtube.com/watch?v=EtheIfqUUvI

Tivemos todo o cuidado e fizemos a primeira live no nosso Instagram de maneira muito crua. Não tivemos uma audiência alta: menos de trezentos revendedores assistiram à nossa live de vendas. Porém, a taxa de conversão foi de 80% e com um ticket médio altíssimo, pois acertamos o formato de entrega e a venda nichada nesse canal de vendas.

Juntamos a fome com a vontade de comer. Mesmo com as VDs fechadas, somente com a estratégia de lives e entregas obtivemos números incríveis com nossas operações:

- abril (89% das vendas do mesmo canal *versus* 2019);
- maio (crescimento de 15% das vendas do mesmo canal *versus* 2019);
- junho – até 14/06 (crescimento de 19% das vendas do mesmo canal *versus* 2019).

Assim como no canal de loja, no dia 15 de junho as VDs foram reabertas. E se eu tinha um pouco de vergonha de falar que estávamos nos recuperando no canal de loja, tinha muito mais receio de conversar sobre o resultado de VD, pois algo fora da curva começou a acontecer no período de 15 a 30 de junho de 2020. Um crescimento no canal de 60% *versus* o mesmo período de 2019, o que resultou em um crescimento de 40,21% do canal no mês de junho de 2020, mesmo com as VDs fechadas durante metade do mês.

No início, confesso que tinha um grande receio de uma canibalização do canal de loja pela venda direta,

O cliente no centro: estudando e explorando canais de vendas   55 mas com o tempo cada vez fica mais claro que um canal de venda somente complementa o outro. Cada um tem a sua respectiva função, seja gerar experiência ao cliente, seja trazer uma renda extra para a revendedora. O mais importante é que o varejista esteja apto a resolver o problema do cliente no lugar que ele deseja ser atendido e da maneira que ele quiser.

O CLIENTE DEVE ESTAR SEMPRE NO CENTRO

A pandemia estimulou uma aceleração dramática do varejo multicanal e omnichannel. Confesso que evoluí como empresário dez anos em três meses, pois ficou cristalino que o varejo definitivamente mudou e quem se recusou a migrar para esse novo formato de vendas, colocando o cliente no centro, sofreu e vai continuar a sofrer muito nos próximos anos.

O cliente deve estar sempre no centro do seu negócio e pela leitura acima fica evidenciado que o Grupo Gérbera_+ trabalha dessa forma. Isso significa que cada decisão que você toma deve ser baseada no que é melhor para o cliente. Seus clientes são a força vital da sua empresa, por isso é essencial mantê-los sempre felizes e satisfeitos.

Dica de ouro: mantenha o cliente no centro do seu negócio e você certamente atingirá suas metas.

O CLIENTE DEVE ESTAR SEMPRE NO CENTRO DO SEU NEGÓCIO.

A arquitetura do varejo do futuro
@rodrigowaughan

03

ESTUDE A ENTREGA MAIS RÁPIDA E BARATA PARA SEU CLIENTE

Certa vez, fui a um *summit* com diversas palestras excelentes e um "*fake coach*" sem vivência em negócios, que nunca foi dono de uma empresa, tampouco assinou uma Carteira de Trabalho e Previdência Social (CTPS). O sujeito fatura um bom dinheiro ensinando os outros a ganharem dinheiro sem nunca ter aberto uma empresa. Ele falou em alto e bom som: "A entrega do produto não é diferencial em um negócio". Inconformado com tamanha sandice, levantei e fui embora do lugar.

Hoje, operamos exclusivamente no estado do Amazonas, região mais difícil de fazer entrega em todo o Brasil por conta das distâncias continentais. Para quem desconhece, o Amazonas é o maior estado do país. Ele faz fronteira com a Colômbia, a Venezuela e o Peru, além dos estados brasileiros do Pará, Roraima, Amapá e Acre. Composto de 62 municípios, o Amazonas abrange uma área de 1.559.167,878 km², tornando-se a nona maior subdivisão do mundo. Sua extensão territorial supera a soma das áreas da França, Espanha, Suécia e Grécia. Se fosse um país independente, o Amazonas seria o décimo sexto maior do mundo em termos de área.

A maior parte do Amazonas é coberta pela floresta tropical, o que dificulta o transporte. Não há estradas ligando o Amazonas ao resto do Brasil; no lugar disso, barcos são usados para transportar pessoas e mercadorias, o que torna o desafio logístico árduo para empresas que desejam entregar produtos. Ainda hoje é impossível a entrega 100% terrestre a mais de 20% de seus municípios.

Depois dessa aula de geografia, vamos ao que importa. Se conseguir ser um empresário multimunicípio no Amazonas, você estará apto a trabalhar em qualquer lugar do mundo.

Por isso, não me venha falar que a entrega do produto não é diferencial em um negócio, pois ela é, sim. Ainda mais em lugares com uma logística complexa como a que existe no Amazonas.

Existem, porém, algumas maneiras de contornar esse problema. A viagem aérea é uma opção, mas é cara e muitas vezes não confiável devido às condições climáticas. Também é possível usar o transporte de barco: apesar da lentidão, é mais confiável do que o transporte aéreo. Além disso, não podemos esquecer as entregas tradicionais comumente utilizadas no varejo, como aquelas via transporte terrestre (por caminhão, trem, motocicleta, bicicleta, entre outros).

Seja qual for o meio de transporte que você escolher, esteja preparado para atrasos e planeje-se adequadamente. Seja sempre transparente com seu cliente. Para quem está acostumado a trabalhar com o varejo on-line, o caminho mais comum de entrega é via Correios. Para enviar uma encomenda pelos Correios, é necessário fazer uma embalagem de maneira adequada e segura. Em seguida, você precisará inserir uma etiqueta com os dados do destinatário e o endereço. Ao chegar no correio, você escolherá a modalidade de envio e realizará o pagamento. Depois do produto postado você e o cliente final têm posse de um código de rastreamento da entrega.

Esse tipo de envio pode parecer fácil, porém existe uma lista ampla de produtos que não podem ser enviados por este modal, que exclui praticamente todos os envios de líquidos, conforme podemos verificar no QR Code a seguir.

www.correios.com.br/enviar/proibicoes-e-restricoes

Voltemos ao básico. Atualmente, existem quatro principais modais de transporte no Brasil: ferroviário, rodoviário, aeroviário e hidroviário. Todos têm vantagens e desvantagens. No entanto, não tenho dúvida de que um deles se adequa ao seu negócio.

O transporte ferroviário é uma das formas mais eficientes de transportar pessoas e cargas por longas distâncias. Vejamos algumas vantagens do transporte ferroviário:

- trens são muito rápidos e podem percorrer longas distâncias em um curto espaço de tempo. Isso os torna ideais para envios de produtos entre cidades;
- o transporte ferroviário é muito mais eficiente em termos de energia do que carros ou caminhões, o que ajuda a reduzir a poluição e economizar nos custos de combustível;

- trens geram menos congestionamento no tráfego do que outras formas de transporte terrestre, como ônibus ou carros;
- o transporte ferroviário é extremamente seguro, com um risco muito baixo de acidentes em comparação com outros modos de transporte.

Desvantagens:
- embora os trens sejam rápidos, eles podem atrasar devido a condições climáticas, problemas mecânicos ou de manutenção dos trilhos;
- a infraestrutura ferroviária é cara de construir e manter, especialmente em áreas montanhosas ou rurais, onde os trilhos devem ser colocados em terrenos difíceis, o que estagnou o crescimento do modal no Brasil;
- o Brasil não possui malha ferroviária que cubra todo o território nacional.

Apesar de ser um entusiasta da utilização do modal ferroviário, trabalhei até 2023 exclusivamente no Amazonas e nunca cheguei a utilizá-lo em nenhuma das operações que conduzo. Porém, fiz questão de citar esse formato de entrega nesta obra, pois pode ser que faça sentido para quem esteja lendo.

O transporte rodoviário é uma modalidade de transporte terrestre realizado por veículos automotores, tais como ônibus, carro, caminhão, carreta, por meio de autoestradas e rodovias regionais ou nacionais.

Existem muitas vantagens e desvantagens no transporte rodoviário. Algumas das principais vantagens incluem:

- o transporte rodoviário pode pegar e entregar mercadorias em qualquer local, o que não é possível com outros modos de transporte, como aéreo e ferroviário;
- é possível alterar facilmente as rotas para evitar congestionamentos de tráfego ou condições climáticas adversas;
- geralmente é mais barato do que outros modos de transporte, como o aéreo, por exemplo.

Desvantagens:

- manter uma boa rede rodoviária é muito caro, especialmente em países desenvolvidos;
- os veículos rodoviários produzem muita poluição, o que pode prejudicar o meio ambiente;
- engarrafamentos são uma ocorrência comum em estradas movimentadas, o que pode causar atrasos e frustração para os motoristas e para quem está precisando receber a mercadoria.

O transporte aéreo é a forma mais comum de transporte de mercadorias de longa distância. A sua principal vantagem é a velocidade de entrega. Porém,

o frete elevado, a capacidade limitada de cargas, se-
veras restrições para o transporte de determinados
produtos e o impacto ambiental acabam afastando os
varejistas desse modal de entrega.

E o transporte fluvial?

Quando se pensa em entregar produtos, a maioria
das pessoas tem em mente caminhões. Mas você sabia
que os rios também podem desempenhar um papel no
transporte de produtos? Na verdade, a entrega fluvial é
uma prática secular que ainda hoje é usada em muitas
partes do mundo, principalmente em regiões como as
que trabalho no Amazonas.

O transporte fluvial é muito mais barato do que o
transporte rodoviário ou aéreo. Além disso, é mais ecoló-
gico, pois não produz emissões como caminhões e aviões.
Finalmente, pode ser mais rápido do que outros métodos
se o destino estiver próximo a uma grande hidrovia e
em alguns casos torna-se o único método possível de
entregar um produto.

Se você estiver interessado em usar a entrega fluvial
para seus produtos, há algumas coisas que deve ter em
vista. Primeiro, certifique-se de que seu produto esteja
devidamente embalado para poder resistir à submersão
na água. Em segundo lugar, descubra quais regulamen-
tos se aplicam ao transporte fluvial em sua área para que
você possa cumpri-los. E, terceiro, escolha uma empresa
de transporte confiável e que tenha experiência com
esse tipo de transporte.

NÃO ME VENHA FALAR QUE A ENTREGA DO PRODUTO NÃO É DIFERENCIAL EM UM NEGÓCIO, POIS ELA É, SIM.

A arquitetura do varejo do futuro
@rodrigowaughan

Em uma entrega de distâncias entre diferentes municípios, estados ou países, a questão da escolha de um modal de entrega não passa por uma ideia exclusiva de utilizar apenas uma forma, pois é necessário mesclar os modais para cada necessidade de entrega. O objetivo é chegar da melhor forma ao destino e da maneira mais rápida e econômica.

Talvez os quatro modais de entregas citados não sirvam para o seu negócio e você esteja pensando na necessidade de entrega mais rápida para seu dia a dia, já que o nome do capítulo é **"Estude a entrega mais rápida e barata para seu cliente"**.

Essa fórmula funcionou muito bem para os negócios que administro e acredito que possa ser replicada para qualquer tipo de negócio independentemente do ramo, pois a velocidade de entrega e o valor do frete podem ser um diferencial na entrega do seu produto.

DÊ O DIREITO DE ESCOLHA DE COMO O CLIENTE QUER RECEBER O PRODUTO

Um grande problema do ser humano é medir o outro por sua própria régua e ainda achar que está sendo empático.

Não trate o outro como você gostaria de ser tratado; trate a pessoa como ela gostaria de ser tratada.

Por isso, vale a pena ressaltar que o tempo e o preço são relativos a depender da classe social e necessidade do recebimento de cada produto.

Você poderá disponibilizar a entrega ao cliente sem o pagamento de taxa de entrega e com o pagamento de diferentes maneiras conforme a necessidade e velocidade que ele deseja receber. Acima de tudo, deixe claro os prazos de entrega em todas as modalidades de entrega.

Obviamente, se deseja possibilitar a entrega sem a cobrança de frete a seu cliente, você precisa ter um estudo antecipado para que esse ato não inviabilize sua operação. Como tal escolha sob o ponto de vista do cliente tem como o diferencial o preço, você enquanto fornecedor precisa dar o prazo máximo da entrega para não frustrar a expectativa do cliente no recebimento do produto. E, para viabilizar tal objetivo, o fornecedor deve juntar o máximo de pedidos para agregar em uma mesma rota de entrega e de preferência em localidades próximas para diminuir o valor do custo assumido.

Quando a entrega passa a ser cobrada, o jogo muda.

Quem trabalha muito bem nesse formato é a Amazon, que utiliza o seu ecossistema para melhorar seu sistema de entregas, pois sua maneira de trabalhar e suas estimativas se baseiam no endereço e na opção de entrega escolhida.

Até fevereiro de 2023, a Amazon, além do frete grátis (disponível apenas para pedidos elegíveis) oferecia os seguintes tipos de entrega:

- entrega padrão;
- entrega expressa;
- entrega prioritária;
- entrega hoje (disponível somente para produtos elegíveis vendidos e enviados pela Amazon

comprados antes do meio-dia e entregues em CEPs elegíveis. Se disponível, você verá essa opção de entrega no momento da finalização da compra);

- entrega agendada (disponível para pedidos elegíveis).

Em todas as opções, você poderá selecionar os prazos de entrega disponíveis para o seu endereço e comparar seus respectivos custos.

QUANTO MAIS RÁPIDA FOR A ENTREGA, MAIS CARO ELA VAI CUSTAR.

E com a ajuda de quais meios de transporte vou entregar? Depende do seu produto, pois acredito que você não vai querer entregar uma geladeira em uma moto, apesar de ser possível.

As entregas rápidas podem ser realizadas de várias formas: moto, carro, táxi, ônibus, lancha, balsa, rabeta, tuk-tuk (onde a legislação permitir) e até mesmo drone.

Aliás, a entrega de drone já pode ser operada no Brasil. Existe legislação própria com necessidade de cadastro na ANAC e a exigência de alguns requisitos técnicos, sem falar da necessidade de ter um piloto com licença específica para operar o drone. Apesar da experiência para o consumidor ser bem interessante, a operação no Brasil é difícil de ser executada, pois, diferentemente dos EUA, que possui boa parte do sistema de iluminação pública subterrâneo, aqui o emaranhado de fios externos dificulta a pilotagem, sem falar na falta de segurança que pode ocasionar prováveis abatimentos do modal.

Os caminhos citados até o momento são voltados para quando não se deseja utilizar os caríssimos sistemas de aplicativos de entrega, que são praticamente sócios do empresário, tamanha a fatia que comem do negócio e muitas das vezes inviabilizam uma operação.

Se você é dono de um restaurante e talvez esteja pensando em usar um aplicativo para ajudar na entrega de seus negócios, saiba que existem vários deles no mercado, com vantagens e desvantagens.

Uma vantagem é que, além de fazer a entrega, o app ajuda seu negócio a alcançar um público maior de clientes em potencial. Se alguém estiver procurando um novo lugar para pedir comida, é provável que pesquise on-line. O aplicativo tornará seu restaurante mais visível e atrairá novos clientes que, de outra forma, não teriam encontrado você.

Como o aplicativo cuida da entrega, você não precisa se preocupar em manter sua própria frota de veículos de transporte ou contratar motoristas. Seus riscos trabalhistas são reduzidos a praticamente zero com acidente de trabalho em entregas de produtos de sua empresa. Isso pode economizar tempo e dinheiro, além de liberar funcionários que, de outra forma, seriam necessários para lidar com as entregas.

Estude a entrega mais rápida e barata para seu cliente

No entanto, também existem algumas desvantagens em usar tais aplicativos. Uma delas é que você terá que pagar uma comissão por cada pedido que chega pelo aplicativo, o que pode reduzir muito seus lucros.

Neste capítulo, a partir dos modais de entrega descritos, mostro que é possível chegar a todos os lugares – da indústria ao ponto de venda, da loja ao consumidor final, seja por operação física ou digital. No entanto, é preciso ficar claro que a necessidade de quem está pagando a conta deve ser sempre levada em consideração. O consumidor pode e deve escolher se deseja receber por meio de uma entrega mais rápida ou mais barata.

NÃO TRATE O OUTRO COMO VOCÊ GOSTARIA DE SER TRATADO; TRATE A PESSOA COMO ELA GOSTARIA DE SER TRATADA.

A arquitetura do varejo do futuro
@rodrigowaughan

04

VENDA VALOR EM VEZ DE PRODUTO

Seis graus de miopia. Cinco graus de hipermetropia. Por muito tempo, enxerguei o mundo de maneira embaçada e turva. Mas, a partir do momento que fiz a cirurgia para corrigir tal deficiência, passei a observá-lo corretamente, sem a necessidade de óculos, o que potencializou minhas qualidades profissionais e pessoais. Todos os meus indicadores melhoraram.

Ao visualizar o mercado, notei que muitos consumidores finais enxergam empresas de maneira turva, talvez por uma falta de preocupação empresarial em resolver seus próprios problemas. Falta, também, o conhecimento relacionado ao fato de que encontramos as melhores soluções ao colocar o cliente no centro. Ou ainda, nota-se a ausência de uma boa estratégia de marketing na comunicação com o mercado.

Se você perguntar qual a missão do Grupo Gérbera_+ para os consumidores finais, provavelmente eles falarão que é vender perfumaria ou materiais de cosméticos. Mas isso não é bem verdade. A missão atual é entregar beleza para todo o Amazonas. Trata-se de algo muito mais amplo que apenas vender cosméticos.

Atualmente vendemos cosméticos, mas amanhã poderemos entregar alimentos saudáveis, ter uma instituição de ensino, buscar diminuir a fome no Amazonas ou mesmo melhorar a vida dos ribeirinhos do estado. Obviamente, a missão poderá ser ampliada com o passar do tempo.

MANTER O CLIENTE NO CENTRO É ESSENCIAL

Para criar um negócio sustentável, é essencial manter o cliente no centro de tudo o que você faz. Isso significa entender suas necessidades e seus desejos e, em seguida, criar produtos e serviços que atendam a essas demandas. Também é importante se comunicar constantemente com seus clientes para obter feedbacks e garantir que você atenda às reais expectativas deles.

Ao colocar o cliente no centro do seu negócio, você poderá desenvolver produtos e serviços bem-sucedidos que eles vão adorar e usar regularmente. Isso ajudará você a construir um relacionamento forte com os consumidores, o que é essencial para qualquer negócio. Então comece a priorizá-los hoje e veja como isso pode transformar sua empresa.

Para resolver o problema do cliente, é importante ouvi-lo atentamente, ter calma, buscar outras soluções, estar confiante, prestar atenção às redes sociais e aprender com a situação. Além disso, é fundamental manter um relacionamento ativo com os consumidores, surpreendê-los com atitudes não obrigatórias e criativas de cuidado, ouvir feedbacks para melhorar a qualidade do atendimento, ter uma equipe de colaboradores satisfeitos e não negligenciar a experiência do cliente. É importante descobrir o real problema de quem compra, analisar em detalhes cada caso, assumir a responsabilidade por intercorrências, transmitir segurança, descrever a solução e cumprir o que prometer.

Transformar contratempos em oportunidades também pode ser uma estratégia eficaz para resolver o problema do cliente e melhorar a imagem da marca.

O consumidor no centro é uma estratégia que coloca **o cliente como foco do negócio**, buscando entender suas necessidades e oferecer produtos e serviços mais relevantes. Isso é feito por meio de um atendimento personalizado e da utilização de métricas de sucesso para orientar as decisões da empresa.

O Customer Service é o setor responsável por receber e tratar as reclamações dos clientes antes, durante e depois da compra, para assim garantir uma experiência positiva. A estratégia de *customer centricity* pode aumentar a fidelidade e as vendas da empresa, além de melhorar a experiência do cliente.

Sempre me perguntam se, por conta disso, o cliente tem sempre razão. A minha resposta é NÃO. Essa ideia é um velho mito. Embora o cliente deva ser respeitado e suas reclamações levadas em consideração, nem sempre ele está correto. Mas é importante cultivar um relacionamento sincero e recíproco com ele, mesmo quando a resposta for não.

As empresas devem buscar entender melhor o perfil de seus clientes e como fazer para aumentar a satisfação deles, sem comprometer a qualidade do serviço ou do produto oferecido. Não minta para o seu cliente, senão você vai mascarar a solução de um problema que existe e seu negócio não foi capaz de resolver. Por isso, fale a verdade, seja franco e direto, para poder obter dados

Venda valor em vez de produto

corretos para uma futura melhoria de entrega por meio de um serviço, produto ou mesmo de um processo.

As inovações surgem de melhorias de processos, serviços e produtos que somente são possíveis por meio de um cuidado em ouvir o cliente. Essa é, aliás, uma das principais formas de identificar oportunidades de inovação.

Para melhorar a experiência do cliente, algumas atitudes são importantes:

- investir em um atendimento de qualidade;
- oferecer produtos e serviços de excelência;
- ouvir e atender às necessidades e expectativas dos clientes;
- personalizar o atendimento;
- garantir a facilidade de acesso e uso dos produtos e serviços;
- buscar constantemente a inovação e melhoria dos processos.

Além disso, é fundamental ter uma equipe engajada e satisfeita, comprometida em oferecer a melhor experiência possível aos clientes. Não há cliente no centro sem colaborador bem treinado e linkado com a cultura da empresa.

E, ao falar de cliente no centro, é bom pensar na criação de um ecossistema para atingir a excelência na melhor entrega possível. A criação de um **ecossistema de negócios** é uma estratégia cada vez mais utilizada pelas empresas para garantir a presença da marca no cotidiano dos consumidores.

Mas como criar um **ecossistema centrado no cliente**? Neste capítulo, vou explorar os quatro principais tópicos para criar um ecossistema que coloque o cliente no centro das atenções.

1. ENTENDENDO O CLIENTE

Para criar um ecossistema centrado no cliente, é preciso entender as necessidades e os desejos do público-alvo. Isso pode ser feito por meio de pesquisas de mercado, análise de dados e feedback dos clientes. Com essas informações, é possível criar soluções personalizadas que atendam às demandas do público.

É comum pensar que o pior cliente é aquele que reclama sempre de tudo. Tal assertiva não é verdadeira, pois esse cliente permite melhorar o processo e faz com que os setores da empresa abram os olhos para os problemas. O pior cliente é aquele que não gosta do produto ou serviço e silencia. Esse comportamento não nos ajudará a evoluir com o negócio.

2. CRIANDO UMA JORNADA DO CLIENTE

A jornada do cliente é a trajetória que ele percorre desde o primeiro contato com a marca até a fidelização. É preciso mapear essa jornada e identificar os pontos de contato com a marca. Com isso, é possível criar experiências positivas em cada etapa da jornada, aumentando a satisfação e garantindo fidelização do cliente. Cabe

Venda valor em vez de produto   77

ressaltar que essa jornada precisa ser desenhada em todos os canais possíveis, físicos e digitais.

Em suma, é preciso fazer mais que a entrega de diferentes maneiras ao cliente, a empresa precisa ser vista onde ele estiver.

3. INTEGRANDO OS CANAIS DE COMUNICAÇÃO

Integrar os canais de comunicação da empresa significa que o cliente deve ter uma experiência consistente em todos os pontos de contato com a marca, seja no site, nas redes sociais, no atendimento ao cliente ou na loja física. A integração dos canais de comunicação também permite que a empresa colete dados sobre o cliente em tempo real, o que pode ser usado para personalizar a experiência do usuário.

4. FOCANDO A CRIAÇÃO DE VALOR

A criação de valor é um dos principais objetivos de um ecossistema centrado no cliente. Isso significa que a empresa deve oferecer soluções que atendam às necessidades do público-alvo e que agreguem valor à vida do cliente. Além disso, é importante que a empresa esteja sempre em busca de inovação e melhoria contínua, para garantir que o ecossistema continue relevante e atraente para o cliente.

A empresa que para no tempo e acredita que seu produto ou serviço já alcançou a perfeição está pronta para morrer. A Amazon é um exemplo de empresa que entendeu muito bem como se entrega valor através de seu ecossistema, integrando diversos serviços e produtos em uma única plataforma. Isso não apenas facilita a experiência de compra mas também oferece conveniência, inovação e personalização, assegurando que os clientes tenham acesso a tudo que precisam em um só lugar.

A Visão Geral do Ecossistema Amazon[2] apresenta uma imagem que representa o ecossistema da empresa de uma maneira bem clara, vejamos:

Pela imagem, é fácil notar que o ecossistema da Amazon é um modelo de negócio diversificado e interconectado, que abrange uma ampla gama de serviços e

---

[2] TALIN, B. O que é um ecossistema digital? – Compreender o modelo de negócio mais rentável. **MoreThanDigital**, 29 mar. 2024. Disponível em: https://morethandigital.info/pt-pt/o-que-e-um-ecossistema-digital-compreender-o-modelo-de-negocio-mais-rentavel. Acesso em: 18 out. 2024.

produtos, criando um valor significativo para os clientes. Aqui estão alguns dos principais componentes e como eles funcionam em conjunto para gerar valor:

1. **Marketplace e vendas**: a Amazon oferece uma plataforma de e-commerce onde os consumidores podem comprar produtos de uma vasta gama de categorias. Isso não apenas facilita a comparação de preços mas também proporciona acesso a uma enorme variedade de produtos, aumentando a conveniência para o cliente.

2. **Fulfillment e logística**: com serviços como o Fulfillment by Amazon (FBA) e a Amazon Flex, a empresa otimiza a entrega de produtos. O FBA permite que os vendedores armazenem seus produtos nos centros de distribuição da Amazon, enquanto a Amazon se encarrega da logística. Isso resulta em entregas rápidas e eficientes, melhorando a experiência do cliente.

3. **Serviços de assinatura**: com o Amazon Prime, os clientes têm acesso a benefícios como entrega rápida, streaming de vídeo e música e ofertas exclusivas. Isso cria uma proposta de valor que incentiva a lealdade do cliente e aumenta o tempo que os consumidores passam na plataforma.

4. **Tecnologia e inovação**: produtos como Amazon Alexa e dispositivos Fire TV integram tecnologia de ponta no cotidiano dos usuários. A Alexa, por exemplo, oferece assistente virtual que facilita

a automação de tarefas e a interação com outros dispositivos, melhorando a experiência do usuário.

5. **Serviços em nuvem**: a Amazon Web Services (AWS) fornece infraestrutura de nuvem para empresas, permitindo que elas escalem suas operações de modo eficiente. Isso não só gera receita significativa para a Amazon mas também a posiciona como provedora de serviço de tecnologia de nuvem, beneficiando empresas que, por sua vez, podem entregar melhores serviços aos seus clientes.

6. **Publicidade e marketing**: o Amazon Advertising permite que empresas promovam seus produtos diretamente na plataforma da Amazon. Isso não só gera receita adicional para a empresa mas também ajuda os consumidores a descobrir novos produtos que possam atender às suas necessidades.

7. **Experiência do cliente**: o foco da Amazon na experiência do cliente é central para seu ecossistema. A empresa utiliza dados e análises para personalizar recomendações de produtos, otimizar a navegação e melhorar o atendimento ao cliente, criando um relacionamento mais próximo com os consumidores.

8. **Diversificação de produtos e serviços**: com subsidiárias como Whole Foods Market, Twitch e Amazon Studios, a Amazon se posiciona em várias indústrias, desde alimentos até entretenimento. Essa diversificação aumenta o alcance da marca e a fidelidade do cliente, ao mesmo tempo que oferece uma gama completa de produtos e serviços.

Venda valor em vez de produto

COMO VOCÊ ACHA QUE O CLIENTE ENXERGA A MISSÃO DE SUA EMPRESA?

É bom deixar claro que a missão de uma empresa é a sua razão de ser, a força que a move no mercado. No entanto, quem tem uma visão míope de negócio enxerga a empresa apenas como mero vendedor de um produto ou serviço.

FORTALEÇA O SEU BRANDING

Branding é um processo que envolve a construção da imagem e reputação de uma marca. Esse processo inclui sentimentos, valores e outros conceitos que não são expressos somente com imagens.

Trabalhar o branding da sua marca é importante para torná-la cada vez mais presente no mercado e reconhecida pelo público, criando admiração e desejo pelos valores que a marca representa. Isso pode ser alcançado por meio das seguintes estratégias:

- estudo da empresa e do mercado;
- criação de identidade visual;
- investimento em marketing de conteúdo e redes sociais;
- compartilhamento de valores e cultura empresarial;
- divulgação de premiações, certificados e investimento na equipe.

O branding é uma ferramenta essencial para alavancar o negócio a longo prazo e gerar identificação com o público.

82   A arquitetura do varejo do futuro

A valorização da marca é essencial para promover a fidelização de clientes, segmentar melhor o mercado e tornar a marca mais forte e confiável. Além disso, irá agregar valor aos produtos e serviços oferecidos pela empresa.

Um conceito importante é a identidade de marca. Ela é a representação visual dos valores e conceitos da empresa, que traduz a personalidade daquela companhia e se comunica com eficiência no mercado. É importante ter uma estratégia de marca bem-definida, que inclua a criação de uma identidade visual forte e coerente, para aumentar a credibilidade e o reconhecimento da marca.

Nesse momento, práticas como a ESG irão agregar ao reconhecimento de uma marca diante dos clientes internos e externos. Mas o que é a ESG? É uma sigla que representa a sustentabilidade ambiental, social e de governança corporativa nas empresas (Environmental, Social and Governance). Ou seja, é uma abordagem de investimento que considera fatores que vão além dos simples indicadores financeiros, como o impacto da empresa no meio ambiente e sua responsabilidade social.

A responsabilidade social corporativa é vista como um dos fatores mais marcantes da ESG, uma vez que o ato está ligado aos outros dois critérios. A implementação de tais práticas pode ser uma maneira eficaz de as empresas reduzirem seu impacto negativo e contribuírem para um futuro mais sustentável.

Venda valor em vez de produto

As boas condições para a sociedade e para o meio ambiente refletem em mais e melhores oportunidades de negócio. Portanto, uma empresa que cria ações de responsabilidade social e ambiental promove um espaço muito mais saudável para trocas de experiências em meio aos seus negócios.

O mercado financeiro reconheceu a importância de valorizar empresas que praticam a responsabilidade ambiental e social. Essas empresas são vistas como mais sustentáveis e, portanto, mais atraentes para investimentos. Vender valor é entregar um propósito muito maior do que apenas a simples venda de um produto ou serviço.

ESTUDE A SAZONALIDADE DA SUA OPERAÇÃO PARA COMPRAR E VENDER MELHOR

Quando exercia diariamente a advocacia, minha principal preocupação residia na gestão financeira durante os períodos de recesso forense. A ausência de audiências, naturalmente, implicaria em uma redução na receita, enquanto as despesas fixas permaneceriam inalteradas. Em busca de soluções, voltei meu olhar para as fábricas situadas no Distrito Industrial de Manaus e decidi aprofundar-me no tema das férias coletivas. Durante essa investigação, deparei-me com uma palavra que despertou significativamente minha atenção: **sazonalidade**.

A sazonalidade, quando vista pelos olhos de um empresário, revela-se como fator crucial a ser compreendido e gerenciado no âmbito dos negócios.

Essa conscientização levou-me a uma análise mais ampla e, durante esse processo de exploração, o conceito de sazonalidade surgiu como uma peça-chave no quebra--cabeça que aprendi naquela época e levei para a vida empresarial no Grupo Gérbera_+. Compreender os meses sazonais é essencial para a estabilidade financeira e o planejamento estratégico.

A palavra "sazonalidade" tornou-se, assim, um ponto focal em minha abordagem empresarial. Ela contribui para destacar a importância de ajustar estratégias, fluxos de caixa e operações de acordo com as flutuações naturais do mercado. Essa perspectiva permitiu-me a um só tempo sobreviver aos desafios sazonais e capitalizar oportunidades específicas de cada período, fortalecendo a resiliência e a sustentabilidade do empreendimento.

A sazonalidade de vendas é a variação nas vendas de um produto ou serviço ao longo do ano, devido a fatores como clima, feriados, datas comemorativas, entre outros. É importante que os comerciantes entendam a sazonalidade de suas vendas para poderem se preparar adequadamente para períodos de alta e baixa demanda, de modo a ajustar seus estoques, preços e estratégias de marketing.

Além disso, a previsão de vendas é fundamental para o planejamento financeiro e a tomada de decisões estratégicas, como investimentos em novos produtos ou expansão do negócio. É essencial que os comerciantes levem em consideração a sazonalidade de suas vendas ao fazerem a previsão de faturamento para o ano seguinte.

Cada mercado tem a sua sazonalidade específica e, neste capítulo, vou tratar especificamente do varejo, área em que trabalho.

É necessário um planejamento estratégico específico para cada data comemorativa. Para tanto, deve se levar em consideração fatores como o perfil do público-alvo, as tendências de consumo, a concorrência, o estoque de produtos, a logística de entrega, entre outros.

Para as datas de sazonalidade forte, é importante antecipar a preparação e começar a planejar com meses de antecedência. É preciso definir quais produtos serão ofertados, quais serão as promoções e os descontos, como será a comunicação com o público, entre outras estratégias.

Além disso, é fundamental ter um bom controle de estoque, para evitar a falta ou o excesso de produtos, que pode gerar prejuízos. Já para as datas com fluxo de vendas mais baixo, é preciso investir em estratégias de marketing e promoções para atrair os clientes.

Em resumo, o empresário do varejo precisa estar atento às datas comemorativas e se preparar de maneira estratégica para cada uma delas, buscando sempre oferecer uma experiência de compra diferenciada aos clientes e aumentar as vendas.

Você pode até não ter acesso a dados de vendas específicos para analisar a curva de sazonalidade de um determinado produto ou mercado. No entanto, se você tiver pelo menos a meta de venda e algumas informações gerais, a curva de sazonalidade pode ajudar a comprar corretamente e vender melhor.

Mas, então, o que é uma curva de sazonalidade?

A curva de sazonalidade é uma representação gráfica das variações sazonais de um determinado fenômeno, como as vendas de um produto ao longo do ano. Ao analisar essa curva, é possível identificar os meses em que as vendas são mais fortes e aqueles em que são mais fracas. Isso pode ajudar a tomar decisões informadas sobre quando comprar e quando vender um produto.

Por exemplo, se a curva de sazonalidade de um produto mostra que as vendas são mais fortes nos meses de verão, pode ser uma boa ideia comprar mais estoque antes do início da temporada de verão para atender à demanda. Da mesma forma, se a curva de sazonalidade mostra que as vendas são fracas nos meses de inverno, é provável que seja melhor reduzir o estoque durante esse período.

Além disso, a análise da curva de sazonalidade também pode ajudar a identificar tendências de longo prazo e padrões sazonais recorrentes. Isso pode ajudar a prever a demanda futura e ajustar a estratégia de vendas.

Perder dinheiro por ruptura é algo que dói na alma de qualquer empresário, pois ele conseguiu fazer o cliente se interessar pelo seu produto e entrar em contato com algum canal de suas operações, mas perdeu a venda pela falta de produto na prateleira.

Vale a pena falar um pouco sobre a separação de produtos por curva de venda. É uma estratégia eficaz

Venda valor em vez de produto

para organizar e gerenciar o estoque de uma empresa. Essa técnica consiste em classificar os produtos conforme a sua demanda, ou seja, aqueles que têm maior saída e geram mais receita são colocados em destaque, enquanto os de menor demanda são armazenados em locais menos acessíveis.

Essa organização permite que a empresa tenha uma visão clara dos produtos que estão em alta e os que precisam de mais atenção. Essa ação facilita a tomada de decisões em relação a compras, promoções e descontos. Além disso, a separação por curva de venda também ajuda a evitar a falta de produtos em estoque, o que garante que os itens mais procurados estejam sempre disponíveis para os clientes.

Para implementar essa estratégia, é necessário analisar o histórico de vendas da empresa e classificar os produtos em pelo menos três categorias: A, B e C. Os produtos da categoria A são aqueles que têm maior demanda e geram mais receita, enquanto os da categoria C são os de menor demanda e menor rentabilidade. Já os produtos da categoria B ficam entre esses dois extremos.

Com essa classificação, é possível definir a quantidade de espaço que cada categoria ocupará no estoque e como os produtos serão armazenados. Os produtos da categoria A devem estar sempre em locais de fácil acesso e com maior visibilidade, enquanto os da categoria C podem ser armazenados em locais menos acessíveis.

A arquitetura do varejo do futuro

A separação por curva de venda é uma estratégia simples, mas que pode trazer grandes benefícios para a organização e gestão do estoque de uma empresa. Ao adotá-la, é possível aumentar a eficiência e a rentabilidade do negócio, e, consequentemente, a satisfação dos clientes e o sucesso da empresa.

Aqui estão algumas dicas para ajudar a evitar a perda de dinheiro em razão da falta de produto:

1. **Faça uma previsão de demanda**: analise o histórico de vendas e tendências de mercado para prever a demanda futura. Isso ajudará a determinar a quantidade de produto que deve ser comprada. Estabeleça um cronograma de compras para garantir que os produtos estejam sempre disponíveis.

2. **Mantenha um estoque mínimo**: essa medida é crucial para garantir que haja sempre um suprimento disponível. Isso também ajudará a evitar a perda de dinheiro devido à obsolescência do produto.

3. **Faça compras regulares**: mantenha o estoque atualizado e evite a falta de produto. Isso também ajudará a aproveitar as oportunidades de desconto e promoções.

4. **Use um sistema de gerenciamento de estoque**: esse expediente ajudará a identificar rapidamente quando um produto está acabando e precisa ser reabastecido. Registre todas as entradas e saídas de produtos e faça inventários.

Venda valor em vez de produto

5. **Mantenha contato com fornecedores**: busque fornecedores confiáveis e negocie preços e prazos de pagamento que sejam vantajosos para a empresa. Mantenha contato para garantir que haja um suprimento constante de produtos.

6. **Monitore o desempenho do produto**: essa é uma estratégia para identificar aqueles produtos que estão vendendo bem e aqueles que não estão, para assim ajustar a previsão de demanda e evitar a perda de dinheiro por conta da falta de produto ou excesso de estoque.

7. **Tenha um plano de contingência**: esteja preparado para lidar com imprevistos, como atrasos na entrega de fornecedores ou aumento repentino na demanda por um produto.

Ao seguir tais dicas, é possível evitar a falta de produto, gerenciar e manter um estoque saudável e lucrativo e garantir a satisfação dos clientes, além de evitar prejuízos financeiros para a empresa.

Tenho plena consciência de que **estoque parado é dinheiro parado**, mas se você quiser crescer no varejo com venda de produtos físicos é necessário ter estoque para atender o cliente final com o mínimo de ruptura possível. Pior do que perder uma venda para a concorrência é perder a venda para você mesmo.

Em resumo, a análise da curva de sazonalidade pode ser uma ferramenta valiosa para comprar corretamente e vender melhor, permitindo que os varejistas ajustem seus estoques e estratégias de vendas conforme as variações sazonais da demanda. Observemos como é possível trabalhar nesse formato ao analisar uma curva de sazonalidade de vendas de uma empresa de três anos:

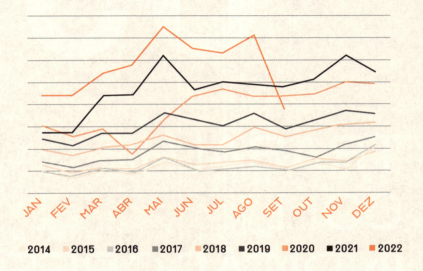

No primeiro ano, é possível ver uma variação de vendas a cada mês em face das datas comemorativas da respectiva operação.

No segundo ano, com o histórico gerado, foi possível conhecer melhor a sazonalidade da operação e apostar mais nas datas de maior venda, com uma preparação de compra melhor.

No terceiro ano, com o histórico dos dois anos anteriores, o varejista conseguiu controlar e trabalhar promoções em algumas datas de vendas mais fracas, o que possibilitou o trabalho no estoque de curva C e D e uma sazonalidade menor, equalizando as receitas anuais da operação.

05

TRABALHE COM INDICADORES

Sou fascinado por números desde a infância. Uma verdadeira paixão que me acompanha ao longo da vida. Sempre tive o hábito de mensurar cada detalhe ao meu redor; e acredito sinceramente que essa característica transformou-se em um diferencial significativo na minha jornada empresarial.

Trabalhar com indicadores é fundamental para o desenvolvimento de uma empresa, pois permite avaliar o desempenho em diversas áreas, tais como: produtividade, qualidade, capacidade, estratégia, vendas, marketing e financeiro.

Com base nesses indicadores, é possível identificar pontos fortes e fracos, tomar decisões mais assertivas e implementar intervenções corretas em tempo hábil. Além disso, a gestão por indicadores possibilita colocar o modelo de negócio à frente da concorrência, mensurando o resultado dos esforços individuais e coletivos sobre aspectos importantes da empresa.

Existem diversos indicadores de desempenho relevantes para o varejo. Alguns dos mais importantes são: total de faturamento, volume de vendas, margem de lucro, taxa de conversão, satisfação dos clientes e mix de produtos e serviços variados.

Também é importante considerar indicadores específicos para a área de logística, como estoque, transporte e segurança da carga. A escolha dos melhores indicadores depende das metas e dos objetivos da empresa, bem como das áreas que se deseja avaliar e melhorar.

Vou falar de alguns indicadores que utilizo diariamente para ter um resultado positivo no Grupo Gérbera_+.

LOCALIZAÇÃO DA LOJA

Quando você deseja abrir uma loja física, investir em geolocalização pode ser uma ótima maneira de entender o fluxo de clientes em seu estabelecimento e atrair novos consumidores. É possível cadastrar sua empresa em sites de geolocalização e utilizar ferramentas como *geotargeting* e *geofencing* para exibir anúncios específicos para usuários com base em sua localização geográfica. Além disso, trabalhar a comunicação na fachada e vitrine, melhorar o atendimento ao cliente e garantir acessibilidade são outras formas de atrair mais clientes e aumentar o fluxo de pessoas em seu estabelecimento.

Caso você não tenha condições de pagar por tal serviço, uma boa saída é fazer a contagem de passantes que transitam diariamente na frente do ponto comercial. Tal contagem pode ser feita manualmente por minuto ou hora pelo próprio empresário, ou por um terceirizado.

Outra técnica que costumo fazer em hipermercados e supermercados para a abertura de operações nessas localizações é a retirada de um cupom e trinta dias depois compro outro produto no mesmo caixa para ter a contagem de quantas pessoas passaram ali para posteriormente multiplicar pelo número de caixas que funcionam. Dessa forma tenho um número próximo de quantas pessoas compraram durante o período de trinta dias no estabelecimento.

TICKET MÉDIO

Tão importante quanto saber se o ponto está bem localizado, é saber o ticket médio da operação. Ele é um indicador de performance de vendas, representando o valor médio gasto pelos clientes em pedidos de serviços ou produtos. Quanto maior o ticket médio, mais as pessoas estão dispostas a gastar em seu negócio. Esse indicador serve para avaliar a performance de vendas, a previsibilidade de receita da empresa, a rentabilidade de cada venda e o potencial de compra dos clientes, entre outros fatores.

O ticket médio fornece ao gestor informações valiosas para a elaboração de ações, auxiliando no planejamento, na previsão de vendas e na tomada de decisão. Para fazer esse cálculo, basta dividir o faturamento total pela quantidade de vendas realizadas no período analisado – o que pode ser diário, semanal, mensal, semestral ou anual.

Quando você sabe o ticket médio da sua empresa, é possível criar estratégias para aumentar a venda e saber se o responsável pela venda está fazendo um trabalho bem-feito ou apenas se aproveitando de um bom fluxo de pessoas que passam na operação.

MEDIDOR DE FLUXO

Por falar em fluxo, é importante medir a quantidade de pessoas que entram na sua loja para ser possível analisar se a loja está bem posicionada e futuramente analisar a taxa de conversão.

Na venda on-line, é mais simples ter esse número, pois basta verificar quantos pedidos estão entrando no

Trabalhe com indicadores

e-commerce para notar se eles geram *leads* para no futuro fechar uma venda. Em lojas físicas, porém, quando o ponto está no começo de suas atividades, é possível ter esses números por meio de uma lista de clientes que entraram na operação e foram atendidos. Há, no entanto, câmeras e sistemas que fazem a contagem de quantas pessoas entraram na operação, para estabelecer uma real contagem de fluxo.

TAXA DE CONVERSÃO

A taxa de conversão é uma das métricas mais confiáveis para indicar o desempenho comercial de qualquer empresa. Ela mede a porcentagem de pessoas que completaram uma ação desejada e avançaram em uma determinada etapa do funil de vendas – como, por exemplo, preencher um formulário, se inscrever em uma newsletter ou fechar uma venda.

A taxa de conversão analisa a efetividade da estratégia de venda gerada pelo marketing ou pelo ponto de venda. A importância da taxa de conversão está em permitir que se tenha um diagnóstico de onde está o gargalo e o ponto fraco da estratégia que precisa ser otimizado. Esse medidor possibilita a otimização da abordagem para aumentá-la e, consequentemente, melhorar os resultados da operação comercial.

A otimização da taxa de conversão (CRO) é um processo fundamental para aumentar essa métrica, utilizando práticas como testes A/B, técnicas de SEO, estratégias de links patrocinados, entre outras. É importante ressaltar que a taxa de conversão ideal varia segundo as especificidades de cada negócio. Esse dado é extremamente importante, pois, convenhamos, é bom saber quantos clientes entraram na loja e quantos compraram.

EVITE RUPTURA E MEÇA SEU ESTOQUE

Não se ganha dinheiro apenas na venda de produtos. Ganha-se também na compra correta, pois uma aquisição malfeita pode gerar excesso de um estoque encalhado, ou pode ainda gerar a falta de produtos, o que leva à ruptura.

A ruptura de estoque é a indisponibilidade de um produto no momento da compra. Essa situação resulta na perda de vendas e na insatisfação do cliente. Para evitar esse problema, é importante controlar o estoque, fazer inventários rotativos e periódicos dos itens de maior giro e utilizar um sistema de gestão.

A prevenção de perdas também é importante para a saúde financeira do negócio. Isso envolve normas e procedimentos para diminuir as perdas do varejo e evitar gastos desnecessários. A reposição de estoque é fundamental para evitar a falta de produtos na loja e garantir a satisfação do cliente. Para comprar correto é necessário ter o estoque e as compras organizadas com base na rotatividade dos produtos.

Essa separação pode ser categorizada por lucro, venda, produtividade, controle de estoque e geralmente aponta parâmetros que fogem dos fatores. A curva ABC também pode ajudar na gestão de estoque,

Trabalhe com indicadores   97

agilizando a separação de mercadorias e a gestão de entregas. Além disso, a curva A corresponde aos produtos mais buscados pelos clientes e que, por isso, têm maior importância para a empresa. Fazem parte da curva A 20% dos produtos que correspondem a pelo menos 70% do faturamento. São esses produtos que a empresa deve priorizar para alcançar os melhores resultados nas vendas.

E quanto a lançamentos e inovações, vale a pena criar uma curva específica e seguir a mesma linha de raciocínio. Faz todo sentido a curva D surgir nesse momento, quando os lançamentos e inovações surgem em tal curva e posteriormente podem migrar para uma curva A, B ou C de acordo com as suas vendas naquele período, servindo de espelho para um futuro lançamento em um ano ou período posterior.

Quanto a itens temporários, estes podem ser incluídos na curva D, mas prefiro criar uma curva E para mensurar se aquele produto ou serviço teve sucesso no seu lançamento e principalmente se os itens temporários de anos posteriores terão bons resultados com base no espelho dos itens vendidos no ano anterior.

Outra questão que quebra empresas no varejo é a baixa acuracidade no estoque. Por isso mesmo é necessário fazer inventários rotativos para saber se o que está no seu sistema consta realmente no seu estoque, ou seja, quanto mais alta sua acuracidade, maior será a assertividade das suas compras e vendas, assim como os possíveis ganhos de sua operação.

SAIBA O MARKUP E A MARGEM DO SEU PRODUTO

A precificação é extremamente importante em qualquer negócio. Muitas empresas queimam caixa com precificação errada, pois não sabem calcular o markup do seu produto/serviço e, consequentemente, ficam com uma margem pequena ou até mesmo sem nenhuma.

Markup é a diferença entre o preço de venda e o preço de custo do produto ou da mercadoria. Ele indica qual é o lucro total ou lucro bruto obtido em uma venda, sendo uma porcentagem sobre o preço de custo. É uma fórmula utilizada para definir o preço de venda dos produtos de uma empresa, considerando diversos fatores, como custos e despesas. Para calcular o markup, é possível utilizar a fórmula:

Markup = [(Preço de venda – Custo unitário) / Custo unitário] x 100.

Por exemplo, se o custo de um bem é 100 reais e seu valor de venda é 200 reais, então o índice será de 100%. Além disso, é importante manter uma margem de lucro saudável para garantir o sucesso do negócio. Quanto maior o índice do markup, maior será a margem de lucro da empresa.

E qual a diferença entre a margem de lucro e o markup? Tanto a margem de lucro quanto o markup são índices importantes para definir uma precificação adequada. A diferença entre os conceitos é que o markup é uma função do custo, enquanto a margem de lucro é uma função do preço de venda. O markup é um indicador, expresso em percentual, que auxilia na determinação do preço de venda. Já a margem de lucro é um valor absoluto, calculado a partir do preço de venda já estabelecido, demonstrando a rentabilidade obtida.

Falando mais objetivamente, o markup serve para calcular qual o preço ideal de venda, imaginando de maneira antecipada o lucro esperado, enquanto a margem de lucro observa outros fatores, como preço praticado no mercado, e é um indicador de vantagem competitiva.

NÃO DEIXE DE MEDIR O NPS

O NPS, ou Net Promoter Score, é uma métrica utilizada para mensurar o nível de satisfação do cliente com os produtos e serviços adquiridos da sua empresa, bem como a probabilidade de ele indicar a sua marca para outras pessoas. Ele serve para avaliar a lealdade do cliente com a marca e a probabilidade de recomendação. Tal métrica permite que a empresa planeje novas estratégias para melhorar a experiência do cliente e aumentar a fidelidade.

Por meio do NPS, você consegue visualizar quem são os clientes detratores, neutros e promotores da sua empresa. Os clientes detratores são aqueles que podem danificar a marca e impedir o crescimento pelo boca a boca negativo. Por isso, é sempre bom ouvi-los para pegar informações que possam reverter as críticas de negativas para positivas. Os clientes neutros são aqueles relativamente satisfeitos, que compram com média frequência e que estão vulneráveis a promoções competitivas. Os promotores são aqueles clientes leais que sempre compram e indicam

100   A arquitetura do varejo do futuro

a sua marca, produto ou serviço para outras pessoas, alimentando o crescimento do seu negócio.

Não tenha vergonha de perguntar ao cliente o que ele achou do serviço, mas esteja pronto para uma resposta que nem sempre irá lhe agradar. A maioria dos pontos de melhorias surgem via feedbacks de clientes.

INVISTA EM UM BI PODEROSO

Um BI (Business Intelligence) é um processo que consiste em coleta, armazenamento, tratamento, análise e aplicação de dados para melhorar o desempenho das empresas. Um BI poderoso combina análise empresarial, mineração de dados, ferramentas/infraestrutura de dados e práticas recomendadas em informações úteis e fáceis de entender, para assim permitir insights para a operação que ajudam na tomada de decisão.

Com o uso de tecnologias e técnicas avançadas, o BI contribui para as empresas atuarem de maneira mais estratégica e eficiente. Além disso, a análise de dados de inteligência de mercado pode ser aplicada em diversas áreas da empresa, como vendas, marketing, finanças e recursos humanos, proporcionando uma visão mais completa e integrada do negócio.

O BI pode ser dividido em três pilares: estratégico, analítico e operacional. O *BI estratégico* tem como função fornecer informações para a tomada de decisões de longo prazo, enquanto o *BI analítico* é voltado para a análise de dados e informações específicas de departamentos ou áreas da empresa. Já o *BI operacional* é utilizado para

Trabalhe com indicadores **101**

monitorar e controlar processos e atividades diárias da empresa. Em resumo, o BI estratégico é voltado para a visão geral da empresa, o analítico para a análise de dados específicos e o operacional para o monitoramento e controle de processos diários.

Você mesmo pode fazer seu BI a partir da junção de várias planilhas, porém existem diversas ferramentas disponíveis para sua implementação, como o Power BI, Qlikview, Tableau, Google Data Studio, Project BI e IBM Watson Analytics.

Não há uma informação precisa sobre o percentual de empresas que utilizam Business Intelligence, mas é possível afirmar que o número está em crescimento e que empresas de todos os portes podem utilizar essa tecnologia como diferencial competitivo. A maioria dos líderes de empresas inovadoras tomam suas decisões com base no BI. Além disso, é importante destacar que o BI pode ser integrado às demais plataformas da empresa para gerar dados precisos e auxiliar na tomada de decisões, não tenho dúvida de que o ouro da nova geração são os dados.

É evidente que há diversos outros indicadores que podem ser mensurados. Optei por destacar apenas os mencionados acima por serem parte integrante da trajetória evolutiva do negócio que lidero. No entanto, estou plenamente ciente de que, com o avanço tecnológico e a crescente granularidade dos dados, novos indicadores serão incorporados ao meu cotidiano. A adaptação constante a essas mudanças é fundamental para garantir uma gestão empresarial eficiente e alinhada às demandas do ambiente atual.

102　A arquitetura do varejo do futuro

NÃO SE GANHA DINHEIRO APENAS NA VENDA DE PRODUTOS. GANHA-SE TAMBÉM NA COMPRA CORRETA.

A arquitetura do varejo do futuro
@rodrigowaughan

06

TREINAMENTO É IMPORTANTE

"TREINAR PRA QUÊ? SE EU JÁ SEI O QUE FAZER."

Essa frase vem de uma música que o humorista Tom Cavalcante fez em homenagem a Romário de Souza Farias, um verdadeiro gênio travestido de atacante que comandou o tetracampeonato mundial de futebol da seleção brasileira em 1994. O "baixinho" era conhecido por não gostar de treinar e mesmo assim obter resultados acima da média. Mas ele é uma exceção.

Ingressei no jiu-jítsu aos 8 anos, mas uma pausa entre os 15 e 29 anos interrompeu minha prática. Ao retornar aos treinos, possuía o conhecimento técnico, mas notei a ausência da sagacidade que poderia ter desenvolvido durante a adolescência e juventude. A lacuna causada pela interrupção ficou evidente. Por isso, atribuo grande valor ao treinamento contínuo e à prática diária, fundamentais para a constante evolução e preenchimento de lacunas ao longo da jornada.

No ambiente corporativo, acredito que treinar a equipe é igualmente essencial. O treinamento contribui para o desenvolvimento profissional, mesmo quando se tem conhecimento prévio. Por meio de programas adequados de treinamento e desenvolvimento, é possível aprimorar habilidades, aumentar a confiança e a segurança nas atividades cotidianas. O treinamento prepara tanto você quanto sua equipe para assumir novas responsabilidades e enfrentar desafios futuros com maior eficácia.

CRIE UM FORMATO DE ATENDIMENTO

A padronização do atendimento é importante porque simplifica as atividades com informações mais esclarecedoras, ao mesmo tempo que emprega mais qualidade, possibilitando identificar mais facilmente quando há alguma falha na execução do atendimento. A criação de um formato de atendimento padronizado ajuda a garantir o profissionalismo e o esforço em entender o que o cliente precisa e o que é essencial para resolver seu problema.

É importante também manter a atenção ao consumidor, garantir o comprometimento da marca, satisfazer as necessidades do cliente, administrar o tempo de resposta conforme as demandas e superar suas expectativas. Um bom atendimento ao cliente é fundamental para fidelizá-lo e garantir que volte a fechar negócio.

A jornada do cliente precisa ser desenhada com início, meio e fim e uma preparação para que ele volte a comprar. Para ter êxito nessa empreitada, é necessário pelo menos seguir alguns passos:

1. **Conheça o seu cliente**: entenda as necessidades e expectativas do seu público-alvo para oferecer soluções personalizadas.
2. **Tenha empatia**: coloque-se no lugar do cliente e ofereça um atendimento humanizado e acolhedor.
3. **Mantenha o chamado S.C.O.T.**: siga as diretrizes de Satisfação, Clareza, Objetividade e Transparência para garantir um atendimento eficiente e satisfatório.

4. **Defina o modelo de atendimento**: escolha entre as opções de atendimento no ponto de venda, visita ao cliente, atendimento telefônico e on-line por meio de chats, mensagens de texto ou videoconferência, mídias sociais ou autoatendimento.

5. **Elabore um projeto de atendimento ao cliente**: apresente o projeto, treine a equipe, ofereça feedbacks e monitore o desempenho para garantir a eficácia do modelo de atendimento.

6. **Seja ágil e organizado**: resolva as demandas dos clientes de maneira eficiente.

7. **Foque a fidelização dos clientes**: ofereça um atendimento personalizado e agradável.

8. **Desenhe um modelo de atendimento**: crie algo que esteja alinhado com o propósito da empresa e suas estratégias.

CONHEÇA O SEU CLIENTE

Não tenha vergonha de perguntar a seu cliente seus gostos. Verifique como a sua operação pode resolver o problema dele com ferramentas que você pode ofertar dentro do seu segmento.

Existem diversas formas de conhecer o comportamento do seu público-alvo, como realizar pesquisas de mercado, ouvir o cliente, monitorar as redes sociais para entender as tendências de consumo e utilizar ferramentas de insights, próprias para coletar ideias e tendências nas redes sociais, como o Google Trends.

É importante analisar o histórico dos clientes, ficar atento aos feedbacks, apostar na realização de pesquisas de comportamento do seu público e analisar os resultados de NPS e outros indicadores. Também é possível fazer análise de concorrência, para conhecer quem são os consumidores que não compram da sua marca, mas necessitam de seus produtos ou serviços, e incentivar os clientes a fornecerem feedbacks.

Identifique as características do público e padrões no comportamento dos clientes selecionados. Compreender seu comportamento é fundamental para o planejamento de marketing de um negócio e para conquistar e manter clientes.

Para oferecer soluções personalizadas, é obrigatório entender as necessidades e expectativas do seu público-alvo. Isso pode ser feito por intermédio de pesquisas e estudos que coletam informações como idade, gênero, classe social, preferências, hábitos de consumo, comportamento nas redes sociais, entre outros. Além disso, é importante conversar com o público e buscar feedbacks. Crie grupos dentro da segmentação, defina uma persona e invista em uma comunicação inteligente.

Ao conhecer bem o seu público-alvo, é possível oferecer uma experiência personalizada e adaptada às suas necessidades e expectativas, o que pode resultar em maior satisfação e fidelização dos clientes.

Tenha empatia com seu cliente. Para que isso ocorra, você e sua equipe devem interagir com ele de maneira respeitosa e personalizada, buscando entender suas preocupações e necessidades. Ouça com atenção, faça parte da solução e demonstre interesse e atenção. Lembre-se de que a empatia é fundamental para oferecer uma experiência positiva e conquistar a lealdade do cliente. Avalie a relação que sua empresa tem com o público e busque desenvolver essa habilidade para fortalecer o relacionamento e expandir seus negócios.

MANTENHA A SATISFAÇÃO, CLAREZA, OBJETIVIDADE E TRANSPARÊNCIA

Para garantir um atendimento eficiente e satisfatório, invista em três pilares de excelência: personificação, contratação de pessoas e processos de qualidade. Além disso, é recomendável contar com uma tecnologia que ofereça o melhor suporte ao cliente e aos seus funcionários. No entanto, enquanto não houver caixa para contratar uma tecnologia, utilize planilhas ou até um caderno para anotar e resolver as demandas geradas pelos clientes.

A transparência com o cliente promove diversas ações na relação entre consumidor e empresa. Gera um vínculo de confiança desde os primeiros minutos de contato com esse cliente. A satisfação do cliente compreende a diferença entre sua expectativa sobre algum serviço ou produto da empresa com a qual ele escolheu fechar negócio e a realidade do que lhe foi entregue. Para atingir seu objetivo, é necessário conseguir reduzir ao máximo essa diferença.

Dar valor ao cliente é estar sempre alerta; ouvir tudo o que ele tem a dizer; criar interações; identificar suas necessidades a partir de perguntas e concentrar-se em entender o que o cliente está pedindo. Esses são

Treinamento é importante **109**

elementos de um atendimento eficiente, pois é preciso garantir a satisfação do cliente ao suprir suas necessidades e superar suas expectativas.

A transparência e a credibilidade entre cliente e empresa são fundamentais, assim como tratar cada um como se fosse único, registrar todas as interações, se conectar com o consumidor e pedir para que ele avalie o atendimento. A equipe de atendimento deve ser uma unidade transformadora dentro da empresa, por meio da qual os problemas e dúvidas são transformados em satisfação e fidelização.

DEFINA O MODELO DE ATENDIMENTO DE SUA EMPRESA

Duas questões básicas: (1) entender como sua empresa trabalha e (2) saber como você vai elaborar o modelo de atendimento de sua empresa para o respectivo canal de venda. E, se houver a necessidade de desenhar vários modelos de atendimento focados em cada canal, faça isso.

O modelo de atendimento escolhido pode variar de acordo com as necessidades da empresa e do cliente. É importante disponibilizar mais de um canal de comunicação para o usuário entrar em contato com a empresa.

Para desenhar um eficiente modelo de atendimento, costumo fazer a jornada do meu cliente dentro da operação que trabalho e descubro como posso impactá-lo no seu dia a dia. Observo sua jornada física e digital de maneira bem clara em todos os canais de venda.

A empatia é muito importante nesse momento. O empresário deve buscar a maneira que o cliente deseja ser atendido, tentando diminuir todos os entraves para chegar aos objetivos finais do consumidor, sem esquecer que o melhor atendimento começa sempre com um sorriso e o bom humor em dia.

É muito comum organizações contratarem empresas específicas focadas na área e, ao final de tudo, verem que o atendimento não conectou com os interesses do dono do negócio nem seguiu as diretrizes da empresa. Isso normalmente ocorre pela delegação total do atendimento para terceiros que não fazem parte da empresa. Obviamente, para escalar ou escalonar um negócio, você precisará estar presente em alguns projetos da empresa. Entendo particularmente que, no modelo de atendimento, o dono e/ou sucessores precisam estar envolvidos para que não haja a descaracterização dos valores e do perfil da empresa.

Não adianta fazer um marketing focado em preço para artigos de luxo quando o branding da marca entrega exclusividade para um cliente *high ticket*, assim como não adianta desenhar um atendimento para um produto barato com um marketing focado em exclusividade. Esse exemplo serve tanto para marketing como para formato de atendimento.

O modelo que pessoalmente acredito ser ideal precisa ter pelo menos estas sete fases obrigatórias no atendimento, independente do canal, são elas:

- primeiro contato com o cliente;
- análise de necessidades;
- conexão com o cliente e desenvolvimento da venda;

- efetivação da venda;
- comemoração da venda;
- fidelização da venda;
- avaliação do atendimento.

O primeiro contato com o cliente pode ocorrer de maneira física ou digital. No entanto, não é tal contato que vai definir o formato obrigatório que a relação vai terminar.

Quando um *lead* é gerado e o público visualiza a mídia de seu produto on-line, a jornada do seu cliente precisa estar devidamente desenhada para que ele tenha a melhor experiência na compra do produto desejado. Para que isso ocorra, você deve demonstrar como será o processo no mesmo canal ou em uma possível migração para outro ponto de venda, pois é muito comum que uma venda comece on-line e termine fisicamente e vice-versa.

VAMOS FALAR EXCLUSIVAMENTE EM TREINAMENTO

Pense como um atleta de alto nível. A disciplina precisa ser implementada na realização de treinamentos contínuos. Sem ela, as coisas podem ficar bem difíceis.

O primeiro passo é eleger um focal para treinamentos. Essa pessoa será aquela habilitada para criar técnicas de vendas para o seu time e multiplicar conhecimentos adquiridos em cursos internos e externos. Sempre com muita objetividade, determinação e disciplina.

Tenho plena consciência de que esse profissional não é barato, mas, se não tiver dinheiro para a contratação de uma pessoa já formada, você pode eleger essa pessoa em uma seleção interna na sua empresa. Para tal seleção, considere alguns critérios, como habilidades de comunicação, conhecimento técnico, capacidade de liderança e disponibilidade de tempo.

É recomendável realizar uma seleção entre os colaboradores interessados e avaliar cada um desses critérios antes de tomar uma decisão. Além disso, ofereça treinamentos e capacitações para o focal escolhido, a fim de garantir que ele esteja preparado para liderar os treinamentos de maneira eficiente e linkado aos valores implementados pela empresa no dia a dia.

Muitos líderes viajam e fazem diversos treinamentos, porém não multiplicam esse conhecimento adquirido com seu time. Por essa razão, esse focal precisa ser desenvolvido com muitos treinamentos internos e externos, ou seja, há necessidade de investir nessa pessoa e trabalhar com políticas que garantam o desenvolvimento desse trabalho e, obviamente, de continuidade desse trabalhador-chave na empresa.

O desenvolvimento precisa ser constante. Faz-se necessário um calendário de treinamentos para ensinar os segredos e as técnicas dos novos produtos ou serviços, assim como realizar reciclagem constante que relembre o time de como devem ser feitas as vendas de produtos que já estão no portfólio. Dica de ouro: **a capacitação deve ser contínua**.

Para que o treinamento seja contínuo, sem atrapalhar a venda ou respectivos indicadores da área, a maneira mais rápida e assertiva é a entrega de pílulas de conhecimentos com um conteúdo direto e ágil, sem esquecer que ao final do curso deve ocorrer uma pequena avaliação para verificar se houve retenção do que foi ensinado ou não.

Os treinamentos precisam ser metrificados e devem trazer alguma meta de realização e aproveitamento, pois, se o empregador não conseguir visualizar esses indicadores, o provável caminho será o não aproveitamento da capacitação e, com isso, a verba referente ao treinamento da empresa será jogada no ralo.

Quando realizam o treino, muitas pessoas focam o objetivo, porém, o mais importante é garantir a cultura de aproveitar a jornada, sentir o presente, e não apenas com um olhar ansioso para o futuro, pois a evolução é contínua e os conhecimentos sempre precisam ser adquiridos, desenvolvidos, retidos e divididos com todos.

PARA OFERECER SOLUÇÕES PERSONALIZADAS, É OBRIGATÓRIO ENTENDER AS NECESSIDADES E EXPECTATIVAS DO SEU PÚBLICO-ALVO.

A arquitetura do varejo do futuro
@rodrigowaughan

07

TENHA VALORES INEGOCIÁVEIS

Apreciar o momento de deitar-se tranquilamente em meu travesseiro é parte essencial da minha rotina. Para garantir que esse momento seja verdadeiramente sereno, moldo meus valores de maneira consciente. Acredito que ter princípios bem-definidos é a chave para poder adormecer sem carregar pesos na consciência.

Estabelecer esses valores traz não apenas paz de espírito; eles também orientam minhas ações diárias. Ao manter uma clareza em relação ao que considero correto e ético, consigo enfrentar os desafios diários sabendo que minhas escolhas estão alinhadas com meus princípios mais profundos.

Dormir sem dor na consciência não significa evitar as dificuldades ou tomar decisões fáceis mas agir com integridade e coerência com o que acredito ser o certo. Esse hábito de refletir sobre meus valores antes de repousar promove um sono mais tranquilo e contribui para a construção de uma vida alinhada com minhas convicções e valores fundamentais.

Para definir os valores da minha empresa, foi crucial estabelecê-los com clareza e objetividade, conectando-os aos objetivos de longo prazo da organização. Ou seja, defender valores que façam sentido ao público-alvo do negócio – a nossa razão de existir.

Enquanto muitas pessoas sugerem a inclusão de valores como honestidade, ética, respeito e senso de justiça para representar a essência da empresa e inspirar a equipe, minha perspectiva é um pouco diferente.

Acredito que esses valores humanos são obrigações básicas, e não verdadeiros diferenciais.

É comum ter meus valores testados por terceiros. Quando isso ocorre, é essencial identificar a raiz disso. Pode ser que estejam me comparando com outras pessoas ou com padrões irreais. Prefiro concentrar-me em meus próprios objetivos e progressos. Afinal, cada pessoa tem sua própria jornada. É crucial praticar a autocompaixão e recordar que erros fazem parte do processo de aprendizagem e crescimento.

Para disseminar meus valores, coloco a cultura da empresa em primeiro plano. Isso envolve fazer contratações alinhadas com a cultura, trabalhar ativamente na liderança, investir em treinamentos, oferecer recompensas e identificar tanto os pontos fracos quanto os pontos fortes da organização. Essas ações são essenciais para consolidar uma cultura empresarial sólida.

PERCA UMA VENDA, MAS NÃO RENUNCIE SEUS VALORES

Uma reputação duradoura no mercado é baseada na firmeza nos valores. Mesmo que isso signifique perder uma venda ou um cliente em potencial, é importante lembrar que a honestidade e a integridade são valores que não têm preço.

Ao se comprometer com seus valores, você constrói uma base sólida para o sucesso a longo prazo, baseada na confiança e no respeito dos seus clientes e parceiros de negócios. Portanto, não tenha medo de dizer "não" quando algo não estiver de acordo com seus princípios e valores. Afinal, a sua reputação é o seu maior ativo. E, com o tempo, seus clientes vão se tornar fiéis justamente por isso – e por um atendimento atencioso e eficiente, claro.

Em uma organização empresarial, os valores são tudo aquilo que os stakeholders acreditam que a empresa deve fazer. Significa como conduzir o negócio, a forma embutida no processo para alcançar o resultado da maneira correta, o *modus operandi* de como se conduzir um negócio.

Não há uma relação direta entre ser dono de uma churrascaria e ser vegano. No entanto, é importante lembrar que o veganismo é um estilo de vida que não consume produtos de origem animal, incluindo carne. Portanto, pode ser difícil conciliar esses dois aspectos. Esse é um exemplo bem claro de que os valores precisam ser coerentes com as ações tomadas pela empresa.

As tentações vão surgir diariamente, mas os valores de uma empresa são cláusulas pétreas que precisam ser respeitadas. Trair sua constituição interna é algo inegociável, sob pena da disseminação de uma hipocrisia.

HÁ DÚVIDA SOBRE UM VALOR?

Se você está em dúvida sobre um valor que você cultiva, isso não significa que ele seja algo inegociável. Reflita sobre o que está causando essa dúvida e busque entender melhor suas crenças e seus princípios. A partir daí, é possível avaliar se esses valores ainda fazem sentido para você ou se é necessário fazer ajustes e mudanças. Lembre-se de que é normal questionar e evoluir em

Tenha valores inegociáveis **119**

relação aos nossos valores ao longo da vida. Mas, uma vez estabelecido, ele é inegociável.

Os valores de verdade dificilmente são criados de primeira. É comum que eles sejam desenhados no decorrer da jornada, pois, para garantir a sobrevivência de uma empresa no início, é comum que o empreendedor se preocupe principalmente em pagar as contas e manter o negócio funcionando de modo positivo. Com o tempo, é possível identificar os valores de que a empresa não abre mão e que são fundamentais para o seu sucesso no longo prazo. É importante ter em mente que a definição desses valores deve ser feita de maneira consciente e ajustada com a missão e a visão da empresa.

QUAL A MISSÃO DE SUA EMPRESA?

A missão do Grupo Gérbera_+ é entregar beleza em todo o Amazonas. Atualmente somos uma empresa estadual, mas isso não significa que nossa missão não possa ser ampliada no futuro, assim como a de qualquer outra empresa.

Enquanto os valores são um conjunto de crenças e princípios que orientam as ações da empresa e seus colaboradores, a missão representa a base de todo o planejamento. Já a visão está presente para definir até que ponto a empresa quer chegar e o que deseja ser no futuro. É importante que esses elementos sejam bem-definidos e compartilhados com todos os envolvidos, para que haja alinhamento e engajamento em torno dos objetivos da empresa.

Obviamente, para saber a missão de uma empresa, não é necessário desenhar um ecossistema empresarial, porém, quando este está adequadamente elaborado, é muito mais fácil saber como e para onde evoluir de maneira mais rápida e assertiva.

Quando se desenha o ecossistema de uma empresa é possível enxergar quais as brechas que ainda existem em cada vertente e assim buscar uma melhor entrega ao cliente. Esse expediente pode trazer diversos benefícios para uma organização, como ajudar a identificar pontos fortes e fracos da empresa, além de possibilitar uma visão mais ampla do negócio e de seus processos. Além disso, o desenho do ecossistema pode auxiliar na tomada de decisões estratégicas e na melhoria da comunicação interna e externa da empresa. Vale ressaltar que o desenho do ecossistema empresarial deve ser feito de modo personalizado, levando em consideração as particularidades de cada organização, assim como a missão de uma empresa.

A missão é a carteira de identidade de uma empresa, que com o tempo vai mudando, evoluindo ou não. Por essa razão, é necessário sempre investir em melhorias para que ela não fique envelhecida, ultrapassada e esquecida com o tempo.

QUAL É O SEU *CORE BUSINESS* E SEU *CORE COMPETENCE*?

Core business e *core competence* são dois conceitos empresariais que se complementam, mas possuem diferenças significativas.

O primeiro é a atividade principal da empresa, ou seja, o negócio em que a empresa está centrada. Já o *core competence* é a competência central da empresa, ou seja, aquilo que ela faz de melhor e que a diferencia dos concorrentes. Enquanto o *core business* está relacionado ao foco de atuação da empresa, o *core competence* está relacionado às habilidades e atributos que a empresa desenvolveu ao longo do tempo.

EM RESUMO, O *CORE BUSINESS* É O QUE A EMPRESA FAZ, ENQUANTO O *CORE COMPETENCE* É COMO A EMPRESA FAZ.

Quando uma empresa trabalha apenas em um seguimento, é fácil saber qual seu *core business* e seu *core competence*, porém, em casos de corporações que trabalham com um ecossistema com vários canais de venda, formas de entrega diferentes e processos multifacetados, é extremamente difícil dizer qual seu *core business* em razão da quantidade de produtos e serviços oferecidos.

Se pensarmos na Amazon como um exemplo de corporação, a sua principal característica é a integração de produtos e serviços em um ecossistema complexo que foca a centralidade do cliente. Isso se torna o maior diferencial na entrega ao consumidor, mas não necessariamente facilita a visão de seu *core business* e *core competence*, ou seja, em algumas organizações essa definição precisará ser setorial, pois a engrenagem empresarial focará a melhor entrega ao cliente independentemente de competência ou negócio.

COMO DEFINIR OS VALORES DE UMA EMPRESA ATUALMENTE?

Este livro não traz uma resposta sobre esse tema como uma receita de bolo. No entanto, apresento como desenhamos os valores da empresa que presido.

Fomos para uma sala fechada e começamos a nos perguntar sobre quais eram nossos valores. Respostas óbvias como honestidade e ética surgiram, mas foram imediatamente rechaçadas, pois esses dois valores são requisitos mínimos para quem quiser trabalhar conosco, e não diferenciais de mercado.

Acredito que em uma empresa simples, com apenas um canal de venda e que trabalha com um único segmento é muito mais fácil definir os valores, missão, *core business* e *core competence*, porém, em corporações que trabalham com um ecossistema desenhado, essa receita passa a ser muito mais complexa na definição do negócio central.

Talvez em alguns momentos sazonais seja necessário aportar mais energia em um setor ou segmento da corporação, o que dificulta essas definições, porém, no desenho de valores haverá a necessidade de ligar os pontos de cada setor para verificar o que é permitido no dia a dia.

No Direito, o princípio da legalidade afirma que tudo que não é proibido é permitido. O princípio da legalidade é fundamental para garantir que não haja regras ou obrigações sem que haja uma lei que as estabeleça. Isso impede que sejam inventadas coisas arbitrárias, a não ser pelo próprio Parlamento.

Esse princípio é corolário da própria noção de Estado Democrático de Direito e garante as liberdades individuais, limitando a atuação estatal. Pelo princípio da reserva legal, a elaboração de regras incriminadoras é função exclusiva da lei, ou seja, nenhum fato pode ser considerado crime sem que haja uma lei que o defina como tal.

Para criar o valor de uma empresa, que é a fonte dos seus regimentos internos e normas, deve-se enumerar os NÃOS e tudo que é inaceitável no cotidiano empresarial. Esses valores devem ser aplicados a todos os setores, seja qual for a complexidade ou natureza do serviço.

Após definir os NÃOS, é necessário a realização de uma reunião para o desenho dos valores iniciais. Tais valores não precisam ser fechados, até porque a empresa é um organismo vivo em constante mutação e novos valores podem ser acrescidos no decorrer da jornada com a criação de novas tecnologias, serviços, produtos e formas de trabalho.

Terceirizar a formulação dos valores é muito perigoso, por isso o portador do mais alto cargo da corporação precisa estar de alguma maneira envolvido na confecção dos valores da empresa. A contratação de uma consultoria para ajudar na elaboração dos valores é possível e até recomendada, porém o desenho será torto se não houver a participação do dono e de pessoas que estão envolvidas na operação, até para que se consiga chegar aos valores desejados.

A HONESTIDADE E A INTEGRIDADE SÃO VALORES QUE NÃO TÊM PREÇO.

A arquitetura do varejo do futuro
@rodrigowaughan

08

NÃO SE ESQUEÇA DAS PESSOAS QUE TRABALHAM COM VOCÊ

Sou advogado de formação. Atuei como patrono por mais de vinte anos na Justiça do Trabalho e em mais de dez mil processos de vínculo empregatício, verbas rescisórias, anulação de justa causa, rescisão indireta, horas extras, adicionais de insalubridade e periculosidade, dano moral e material e outras demandas.

Em 2021, a cada 100 mil habitantes do país, 1.196 pessoas ingressaram com pelo menos uma ação ou recurso na Justiça do Trabalho. Os assuntos mais recorrentes foram: aviso-prévio, multa de 40% do FGTS, multa prevista no artigo 477 da CLT, adicional de horas extras e multa prevista no artigo 467 da CLT. O tempo médio entre o ajuizamento de uma ação e o seu encerramento demonstra que, no Tribunal Superior do Trabalho (TST), esse prazo foi de um ano, quatro meses e treze dias; nos Tribunais Regionais do Trabalho (TRTs), de nove meses e onze dias e, nas Varas do Trabalho, de oito meses e doze dias na fase de conhecimento e de dois anos e dez meses na fase de execução. Ou seja, fazendo uma simples conta aritmética, um processo com a utilização de todos os recursos demora em média cinco anos, sete meses e vinte e cinco dias. Os dados podem ser consultados no site do Tribunal Superior do Trabalho (www.tst.jus.br/web/estatistica/jt/relatorio-geral).

Alguns empresários desavisados podem pensar que se não pagarem seus colaboradores a demanda trabalhista pode ser favorável em relação ao tempo entre início e término de processo. No entanto, eles se esquecem de estudar que os custos trabalhistas envolvem juros moratórios, correções monetárias, honorários advocatícios e custas processuais altas que podem inviabilizar a manutenção de uma empresa.

Após analisar todos os tipos de demanda, algo que me chamou bastante atenção é que todas elas possuem cunho emocional e que talvez uma simples conversa no momento da saída reduziria em mais de 80% todo e qualquer tipo de contenda judicial.

Meu pai sempre me dizia que existem duas formas de aprender: uma é errando e outra é vendo os outros errarem. E que o melhor caminho é seguir a segunda opção.

Com base nos erros de outras empresas, busco errar o mínimo possível e tornar o Grupo Gérbera_+ o melhor lugar possível para se trabalhar. Deixo, porém, evidenciado que direitos e deveres andam lado a lado. Prova disso é que um de nossos valores com que mais me identifico é:

NÃO CONFUNDA GENTILEZA COM GENTE LESA.

Em vez de ficar procurando defeito no mundo, busco sempre deixar a empresa organizada e pronta para crescer, pois o desafio organizacional de uma empresa com dez pessoas é completamente diferente de uma com mil colaboradores.

O contador, o advogado e o departamento de Recursos Humanos precisam conversar sempre e ter a mesma estratégia organizacional. Parece simples fazer essa afirmação, mas não é bem assim, pois é comum que empresas contratem um profissional que faz um pouco de tudo, da contratação até a análise. Essa fase, porém, precisa ser temporária e não eternizada, pois quanto maior a empresa, mais complexa é sua organização.

Quando é possível ter uma visão mais ampla, com dados segmentados, é menos difícil saber como controlar cada setor da empresa. Dessa maneira, o empresário precisa estar preparado para saber que alguns procedimentos que ele acredita que sempre trabalharam de maneira positiva podem não estar tão bem como ele imagina.

Sempre busquei trabalhar no melhor clima organizacional possível, pois, se levarmos em conta as horas úteis acordadas, passamos mais tempo trabalhando do que ao lado de nossos familiares nos dias de semana. Não faz sentido trabalhar em um ambiente de trabalho ruim.

Acredito piamente que empregados felizes são mais produtivos e proativos. É importante criar um ambiente de trabalho saudável e reconhecer os esforços dos colaboradores. Em vez de reclamar de problemas externos prefiro evoluir meu ecossistema.

O QUE AFUNDA O NAVIO NÃO É A ÁGUA QUE VEM DE FORA, E SIM AQUELA QUE ESTÁ DENTRO.

CONTRATE COM BASE EM SEUS VALORES

É comum contratarmos pelo currículo e demitirmos pelo comportamento. Desse modo, busque trabalhar com pessoas que estejam na mesma vibração da sua empresa e que possuam valores similares aos seus.

No Grupo Gérbera_+, no momento da seleção, fazemos a apresentação da empresa, os benefícios oferecidos, a forma remuneratória e, principalmente, a exposição das funções do cargo de maneira direta. É comum no decorrer da apresentação alguns interessados se levantarem da cadeira e desistirem da vaga, o que nos economiza tempo e investimento com uma pessoa que terá as suas expectativas frustradas.

Para uma empresa que busca contratar com base em valores, é importante ter em mente que essa prática pode trazer benefícios tanto para a empresa quanto para os funcionários. Fale os valores da sua empresa no momento da contratação e exponha as regras do jogo na entrevista de emprego, pois é importante que a corporação tenha uma comunicação sem rodeios sobre seus valores e expectativas com relação aos candidatos e funcionários.

FAÇA UMA PESQUISA DE CLIMA ORGANIZACIONAL PARA ENTENDER SUAS FALHAS

A pesquisa de clima organizacional é uma ferramenta primordial para entender a relação das pessoas no ambiente de trabalho e seus efeitos nos colaboradores. Ela proporciona benefícios para o negócio, tais como fortalecer a cultura da empresa, inspirar a construção de políticas de recursos humanos e motivar equipes.

Entenda os benefícios da pesquisa de clima organizacional

A pesquisa de clima organizacional é uma ferramenta importante para entender o ambiente de trabalho e seus efeitos nos colaboradores. Ela permite coletar dados sobre a percepção das pessoas em relação ao clima da empresa e entender como está a relação entre os funcionários. Além disso, a pesquisa de clima organizacional fornece uma imagem das necessidades da empresa e pode ajudar a identificar pontos de melhoria.

Pesquisas internas ajudam a fortalecer a cultura de uma empresa

Realizar pesquisas internas é uma prática importante para fortalecer a cultura de uma empresa. De acordo com informações do LinkedIn, a cultura corporativa é um fator determinante para a satisfação e retenção de funcionários.[3]

Planejar a cultura organizacional é essencial para o sucesso de um novo empreendimento. Por isso, é importante que equipes administrativas tenham habilidade e compromisso com a cultura da empresa.

Para saber mais sobre o assunto e como fazer na prática, acesse o QR Code a seguir:

---

3 YUP HAPPPINESS CONSULTING. O impacto da cultura organizacional na retenção e na experiência do colaborador. **LinkedIn**, 16 jun. 2023. Disponível em: www.linkedin.com/pulse/o-impacto-da-cultura-organizacional-na-reten%-C3%A7%C3%A3o. Acesso em: 18 out. 2024.

https://pt.linkedin.com/pulse/o-impacto-da-cultura-organizacional-na-reten%C3%A7%C3%A3o

    Sempre tive o sonho de que o Grupo Gérbera_+ fosse uma empresa com o selo do GPTW – Great Place to Work [Ótimo Lugar para se Trabalhar], porém confesso que sempre enxerguei que esse selo era uma realidade muito distante para a empresa que dirigia. No entanto, em 2018, durante uma reunião de planejamento, nosso orientador técnico, Ricardo Barone, falou sobre o excelente clima de trabalho da empresa e recomendou que escrevêssemos a corporação no GPTW.

    O argumento era muito bom. Na hipótese de não ganharmos teríamos ao menos uma pesquisa de clima organizacional e as brechas que precisaríamos preencher ficariam visíveis, pois eles trabalham com uma metodologia calcada em cinco dimensões – credibilidade, respeito, imparcialidade, orgulho e camaradagem – e que visa entender a visão de cada colaborador por meio da relação deste com as afirmativas propostas.

Obviamente fiquei receoso com a resposta que viria, mas para minha surpresa fomos certificados pelo GPTW como uma das melhores empresas para se trabalhar de primeira. Desde então, estamos sendo certificados ano após ano e buscamos sempre evoluir e melhorar nosso lugar nos rankings que estamos inscritos.

PREFIRA O COLETIVO AO INDIVIDUAL

Utilizar o coletivo em vez do individual pode trazer diversos benefícios tanto para a sociedade quanto para o indivíduo. Além de promover a colaboração e o trabalho em equipe, o coletivo pode gerar soluções mais criativas e eficientes para os problemas.

Nem sempre o melhor vendedor é o melhor empregado de uma loja, pois é importante que um vendedor tenha habilidades de relacionamento com o cliente para manter um bom atendimento e garantir o sucesso nas vendas. Portanto, um excelente vendedor que não sabe se relacionar pode não ser o melhor empregado. É fundamental que o vendedor esteja sempre disposto a aprender e se adaptar às necessidades do cliente e da equipe para garantir satisfação e fidelização.

O empregado que pensa somente em si tende a tornar o ambiente tóxico. Por conta disso, a habilidade de relacionamento é tão importante em uma empresa. Lembre-se sempre de que o coletivo pode ser uma ferramenta poderosa para alcançar objetivos em conjunto e promover o bem-estar de todos.

Não se esqueça das pessoas que trabalham com você   133

SE O EMPREGADO É UMA PESSOA TÓXICA, DEMITA-O. NÃO JOGUE A SUJEIRA PARA DEBAIXO DO TAPETE.

Existem várias maneiras de resolver problemas. Elas vão depender da situação em que você se encontra, sua experiência e sua atitude. No entanto, uma coisa é certa: não adianta jogar a sujeira para debaixo do tapete. Se você descobrir um problema, é importante resolvê-lo o quanto antes. Assim, você evita que a situação se agrave e cause mais transtornos. Lembre-se sempre de encarar os problemas e buscar soluções efetivas.

Certa vez, me vi acuado em uma situação delicada. Havia no quadro da empresa um parente contratado que se recusava a evoluir. Demos todas as oportunidades e mesmo assim houve um erro indesculpável para qualquer colaborador. Precisei demitir alguém que me carregou no colo e que continuo amando até hoje, mas que não tinha mais condições de continuar a trabalhar na empresa. Eu sabia que seria crucificado por toda minha família, mas precisei tomar essa difícil decisão da qual não me arrependo.

É normal a contratação de familiar, principalmente em empresas pequenas, mas o parente precisa fazer suas entregas laborais como qualquer outro empregado. Caso não faça e se recuse a evoluir, precisará ser desligado. Ou seja: não contrate quem você não pode demitir.

O COLETIVO PODE SER UMA FERRAMENTA PODEROSA PARA ALCANÇAR OBJETIVOS EM CONJUNTO E PROMOVER O BEM-ESTAR DE TODOS.

A arquitetura do varejo do futuro
@rodrigowaughan

CHAME A ATENÇÃO EM PARTICULAR E ELOGIE EM PÚBLICO

Chamar atenção no ambiente privado e elogiar em público são atitudes indispensáveis para reconhecer e valorizar o trabalho e esforço de outras pessoas. Enquanto o ambiente privado permite uma conversa mais pessoal e detalhada sobre o desempenho individual, o elogio em público pode aumentar a autoestima e motivação do indivíduo, além de demonstrar a importância do trabalho realizado para a equipe e a empresa como um todo. Portanto, é recomendado que sejam utilizadas as duas formas de reconhecimento para manter um ambiente de trabalho saudável e produtivo.

Chamar atenção em particular é sempre melhor, pois evita a exposição do colaborador a situações vexatórias. Faça uma reunião cara a cara, com franqueza, de no máximo trinta minutos. Mostre com calma e educação o erro e como solucioná-lo.

Anualmente realizamos a Convenção do Grupo Gérbera_+ com a presença de todos os colaboradores da empresa e de alguns convidados. Nela, faço questão de entregar os prêmios e fazer o elogio dos melhores do ano na frente de todos, pois tal ato faz com que os colaboradores vencedores se sintam valorizados e gera nos demais colaboradores a vontade de estar no palco no ano subsequente.

VALORIZE SEUS EMPREGADOS

Quando os funcionários se sentem valorizados, eles tendem a ser mais produtivos, engajados e leais à empresa.

Além disso, a valorização dos empregados pode ajudar a reduzir a rotatividade e os custos associados à contratação e ao treinamento de novos funcionários.

Existem diversas maneiras de valorizar os empregados, entre elas, oferecer benefícios, reconhecer o bom desempenho, fornecer oportunidades de desenvolvimento profissional e criar um ambiente de trabalho saudável e positivo. É importante lembrar que a valorização dos empregados não se resume apenas a aumentos salariais mas também a um conjunto de ações que demonstram o reconhecimento do trabalho realizado por cada um.

Investir na valorização dos empregados é uma estratégia inteligente para qualquer empresa que deseja crescer e se destacar no mercado.

TRABALHE O ENDOMARKETING

A utilização do endomarketing precisa ser perene para que a comunicação com o time seja mais fluida e todos tenham consciência do que ocorre diariamente na empresa. É muito comum que os valores, missão e mesmo ações sociais realizadas pelos donos não sejam de conhecimento daqueles que trabalham no mesmo ambiente. Essa falta de comunicação, ou comunicação truncada, passa a impressão de que a empresa esconde algo.

Acredito que o setor de Recursos Humanos não precisa estar preocupado apenas em preencher os buracos da empresa com a contratação e demissão de empregados. Esse setor precisa estar preocupado em trabalhar cada vez mais o contato com os colaboradores, seja de maneira física com uma gestão eficaz, por meio de conversas com colaboradores, panfletos e cartazes, ou de maneira virtual, ao fazer uso de rede social interna ou externa para comunicar-se com qualidade.

Quando se trabalha com uma comunicação virtual, o grande desafio é fazer os colaboradores engajarem com uma rede ou um aplicativo interno. No Grupo Gérbera_+, criamos o GGWeb, um aplicativo no qual o colaborador pode acessar de seu próprio celular e na hora que quiser seus dados, verificar a rede interna e conferir as notícias da empresa.

Mas então vem a pergunta de um milhão de reais: como fazer para o colaborador abrir e engajar com o aplicativo? A resposta é muito simples: **coloque informações essenciais para todos no aplicativo**.

No Grupo Gérbera_+, resolvemos diversos problemas com a implementação do GGWeb, pois, como o holerite só pode ser assinado, visualizado e impresso por meio do aplicativo, o empregado é obrigado a abri-lo pelo menos duas vezes ao mês. O aplicativo facilitou também a gestão do cartão de ponto, com a visualização do espelho de ponto diretamente no GGWeb, o que traz a economia de papel. Outro problema que resolvemos foi o envio de atestados médicos diretamente no aplicativo. O colaborador tira a foto do lugar que estiver e coloca no sistema, informando seu superior hierárquico de maneira imediata, sem precisar do seu deslocamento para a empresa.

No aplicativo também trazemos todas as promoções e vagas abertas pela seleção externa e interna, aguçando a

138   A arquitetura do varejo do futuro

curiosidade no colaborador que deseja evoluir ou galgar novos passos dentro da empresa.

Resolvido o problema do gatilho para que o colaborador entre em nosso aplicativo, colocamos todas as comunicações externas e internas no GGWeb, informando absolutamente tudo que desejamos por lá, o que traz um melhor engajamento junto a todos os nossos colaboradores.

OUÇA O SEU COLABORADOR

Meu pai sempre dizia que Deus nos criou com duas orelhas e uma boca para falarmos menos e ouvirmos mais. Por isso sempre fui entusiasta da oitiva ativa de pessoas. Criar momentos para ouvir a ponta é algo extremamente importante, por isso é necessário ter maturidade para escutar verdades indesejadas, mas sabendo que informações e ideias boas e ruins virão a partir do momento que essa porta for aberta.

No Grupo Gérbera_+, fazemos mensalmente um evento denominado Troca de Ideias. Nele reunimos os aniversariantes do mês para celebrarmos os seus respectivos aniversários, além de ouvir ideias e impressões que os participantes trazem e que podemos implementar na empresa. Após essa tempestade de ideais, todos os presentes, independentemente de cargo, vão para o Museu da Amazônia, onde temos nossa árvore, para que ocorra uma conexão com a natureza.

A partir desse movimento, conseguimos dar real voz a nossos colaboradores e não apenas falar que o colocamos no centro. Dentre diversas ideias positivas, como um novo tipo de sinalização de prateleiras de validade para evitar perdas de produtos, outra ideia positiva foi a colocação da programação de férias no aplicativo do colaborador e suas respectivas datas de início, fim e retorno do descanso.

Quando você cria momentos como esse, cultiva o sentimento de pertencimento dentro do empregado. Ele sente que suas opiniões e sugestões são úteis para o crescimento da empresa.

FAÇA A ENTREVISTA NO ATO DO DESLIGAMENTO DO COLABORADOR

É no momento do desligamento que o empregado perde seu filtro e, em alguns casos, o chamado temor reverencial, ou seja, o medo de falar algo e perder o emprego vai embora. Dessa maneira, a entrevista de desligamento faz-se necessária para que você consiga enxergar erros escondidos que são comentados apenas por pessoas que não têm mais nada a perder naquela corporação.

A entrevista de desligamento é uma conversa entre o profissional de RH e o ex-colaborador da empresa. Ela fornece muitas informações para a gestão das empresas. Contribui, entre outros fatores, para entender os motivos da quebra do vínculo entre trabalhador e empresa.

As perguntas feitas em uma entrevista de desligamento devem ter como objetivo entender os motivos da saída do colaborador e fornecer feedback construtivo para a organização. Além disso, essa conversa é uma oportunidade para a empresa melhorar seus processos de experiência do funcionário e otimizar sua gestão de recursos humanos.

LIDERE PELO EXEMPLO

O líder deve demonstrar as atitudes e comportamentos que espera de sua equipe. Isso inclui ser ético, responsável, comprometido e colaborativo. É importante que esteja sempre disposto a aprender e a se desenvolver, para que possa inspirar sua equipe a fazer o mesmo.

O líder que fica parado sem estudar não dá um bom exemplo para seus colaboradores. Assim, sempre que o líder estiver fazendo um curso é bom dar visibilidade sobre esse *status* aos seus colaboradores, para saberem que ele não está deitado em berço esplêndido. Esse argumento funciona não apenas para o fundador mas para todos os líderes que existem em uma empresa, pois dessa forma é possível gerar o interesse em evoluir dentro da organização e entregar um trabalho com mais qualidade.

A liderança pelo exemplo é uma das formas mais eficazes de liderar. Ao liderar pelo exemplo, você mostra aos seus liderados o que é esperado deles, antes de exigir qualquer coisa. Isso envolve zelar pelo que é certo e demonstrar, em todas as práticas do dia a dia, os melhores caminhos para alcançar objetivos. É importante ser coerente, escutar seus colaboradores e confiar na sua equipe.

Motive as pessoas a seguirem em frente, mesmo quando a situação não é favorável. Portanto, lembre-se da importância de ser um exemplo para aqueles que você lidera.

RESPEITE AS PESSOAS

O respeito é um valor fundamental para o crescimento e desenvolvimento de uma empresa. Quando há respeito entre os colaboradores, clientes e demais partes interessadas, é possível criar um ambiente de trabalho saudável e produtivo. O respeito ajuda a promover a evolução da empresa de diversas maneiras:

1. **Melhoria do desempenho dos funcionários**: quando os colaboradores são tratados com respeito, eles se sentem valorizados e motivados a dar o seu melhor. Isso contribui para um aumento da produtividade e qualidade do trabalho realizado.

2. **Gestão de pessoas mais eficiente**: o respeito é essencial para uma gestão eficaz de pessoas. Ao valorizar o ser humano e acreditar em sua evolução, a empresa cria um ambiente propício para o desenvolvimento dos colaboradores, o que resulta em equipes mais capacitadas e engajadas.

3. **Ambiente inclusivo e diversificado**: o respeito às diferenças é fundamental para promover a diversidade e inclusão dentro da empresa. Ao valorizar e respeitar as características individuais de cada colaborador, a empresa cria um ambiente mais acolhedor e estimulante, no qual todos se sentem parte importante do time.

4. **Imagem positiva no mercado**: empresas que demonstram respeito em suas práticas e

relacionamentos tendem a ter uma imagem positiva perante o mercado. Isso pode atrair clientes, parceiros e investidores, contribuindo para o crescimento e sucesso da empresa.

Portanto, o respeito é um elemento essencial para a evolução de uma empresa. Ao promover um ambiente de trabalho respeitoso, a empresa cria as bases para o crescimento, desenvolvimento e sucesso a longo prazo.

OUÇA AS EMPRESAS QUE PRESTAM SERVIÇO PARA VOCÊ

Os empregados são fundamentais, mas as empresas terceirizadas que compõem o ecossistema da organização que você trabalha também são extremamente importantes para o bom funcionamento e sucesso de uma organização.

Ao ouvir e aceitar as contribuições que essas empresas podem oferecer, não só em suas funções básicas mas também em questões como liderança, benefícios, bem-estar e oportunidades de crescimento, é possível tomar decisões adequadas e criar um ambiente de trabalho capaz de melhorar o desempenho e a produtividade.

Além disso, é fundamental compreender a cultura organizacional das empresas terceirizadas que prestam serviço, para que possam se integrar de modo eficiente e contribuir de maneira significativa. Reassegurar a relevância da equipe terceirizada, dando exemplos objetivos de como o trabalho delas é fundamental para a empresa também é essencial.

Não se esqueça das pessoas que trabalham com você

Assim como se deve contratar pessoas físicas com valores que se conectam com a corporação, é necessário que essa regra se aplique também às pessoas jurídicas. Recomendo a escuta ativa e de valorização das contribuições das empresas terceirizadas e dos empregados, para fortalecer a parceria entre as partes envolvidas e garantir um ambiente colaborativo, produtivo e com uma entrega cada vez mais eficiente.

A LIDERANÇA PELO EXEMPLO É UMA DAS FORMAS MAIS EFICAZES DE LIDERAR.

A arquitetura do varejo do futuro
@rodrigowaughan

09

CONHEÇA A OPINIÃO DO CLIENTE

Sempre busco ouvir a opinião de todos sobre o desempenho da empresa. Avalio se o atendimento ao cliente foi positivo, se os produtos estavam disponíveis na loja, se a entrega atendeu às expectativas e se conseguimos resolver eventuais problemas do cliente. Acredito que a escuta atenta das experiências de todos os envolvidos contribui para aprimorar constantemente nossos processos e oferecer um serviço cada vez mais satisfatório.

Em todo negócio é necessário conhecer a opinião dos clientes internos e externos para desenhar e entender as preferências, necessidades, expectativas e, principalmente, resolver problemas. Somente assim é possível tomar decisões corretas e oferecer produtos e serviços que atendam às suas demandas.

Quanto aos clientes internos – os colaboradores e prestadores de serviço –, acredito que já falei bastante sobre o tema no oitavo capítulo desta obra. Então, vou me ater a falar da preocupação com os clientes externos – que são os consumidores.

A opinião do cliente desempenha um papel crucial na sua fidelização. Ao ouvir e valorizar suas opiniões, as empresas demonstram que se importam com suas experiências e estão dispostas a melhorar constantemente. Além disso, conhecer a opinião do seu público permite identificar pontos fortes e fracos do negócio, possibilitando a implementação de melhorias e aprimoramentos. Isso contribui para a construção de uma reputação positiva e para a conquista de novos clientes.

Portanto, é essencial que as empresas estejam sempre abertas a ouvir opiniões, por meio de pesquisas, feedbacks e avaliações de clientes. Dessa forma, elas podem se adaptar às necessidades do mercado e garantir a satisfação dos clientes.

Em resumo, conhecer a opinião do consumidor é fundamental para o sucesso e crescimento de qualquer negócio. Ao valorizar e utilizar essas informações de maneira estratégica, as empresas podem se destacar no mercado e conquistar a lealdade dos clientes.

É muito comum que empresas realizem pesquisas para receber feedbacks levando em consideração alguns pontos como:

1. **Definir seus objetivos**: antes de iniciar a pesquisa, é importante ter clareza sobre o que você deseja descobrir, definindo quais informações específicas você procura e como pretende usar esses dados.

2. **Escolher uma abordagem certa**: existem diferentes tipos de pesquisas que você pode usar, como pesquisas on-line, entrevistas individuais, grupos focais etc. Escolha a abordagem que melhor se adequa às suas necessidades e ao seu público-alvo.

3. **Criação de perguntas relevantes**: elabore perguntas claras e objetivas que ajudem a obter as informações desejadas e evite perguntas

tendenciosas ou que possam influenciar as respostas dos clientes.

4. **Utilização de ferramentas apropriadas**: existem várias ferramentas disponíveis para ajudar na coleta e análise de dados de pesquisa. Pesquise e escolha a que melhor se adapta às suas necessidades e orçamento.

5. **Garantia de confidencialidade**: certifique-se de que os clientes se sintam seguros e confiantes para compartilhar suas opiniões. Garanta a confidencialidade das respostas e explique como os dados serão utilizados.

6. **Análise de resultados**: após coletar os dados, analise-os cuidadosamente para identificar padrões, tendências e insights relevantes. Use essas informações para tomar decisões conscientes e melhorar seus produtos, serviços ou estratégias de negócio.

Lembre-se de que a pesquisa de opinião dos clientes é uma ferramenta valiosa para entender as necessidades e expectativas do seu público-alvo. Ao ouvir seus clientes, você pode tomar decisões mais embasadas e melhorar a experiência que oferece.

Algumas empresas gostam de fazer pesquisas longas. No entanto, como cliente, nunca gostei de responder pesquisas longas, por isso me identifico bastante com a métrica do NPS – ela é mais simples, rápida e direta.

Conheça a opinião do cliente   **149**

O NPS substituiu os métodos de pesquisas obsoletos que abusavam de pesquisas de pós-vendas chatas, longas e extremamente cansativas para o cliente. Ele é calculado com base em uma única pergunta: **qual é a probabilidade de você recomendar a nossa empresa / produto / serviço a um amigo ou colega?**

A resposta para essa pergunta geralmente tem base na escala de 0 a 10.

Aqueles que respondem com uma pontuação de 0 a 6 são rotulados como **Detratores**. Acredita-se que sejam os menos propensos a apresentar comportamentos de criação de valor.

Os que respondem com notas 7 ou 8 são rotulados **Passivos** ou **Neutros**; e seu comportamento fica entre promotores e detratores.

Aqueles que respondem com uma pontuação 9 ou 10 são chamados de **Promotores** e normalmente apresentam comportamentos de criação de valor, tais como a compra adicional, permanência como cliente por mais tempo e referências positivas para outros potenciais clientes. Não são raros os casos de promotores que se tornam fãs da empresa.

O Net Promoter Score (NPS) é calculado pela subtração da porcentagem de clientes **Detratores** da porcentagem de clientes **Promotores**. Clientes **Passivos** ou **Neutros** contam para o número total de entrevistados, mas não afetam diretamente o resultado líquido global.

150   **A arquitetura do varejo do futuro**

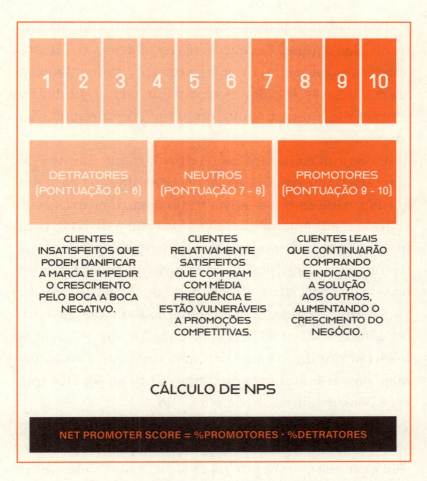

Como regra geral, a pesquisa termina com uma pergunta, porém sempre vale a pena dar a oportunidade para o cliente responder outras perguntas ou dar sua opinião sobre alguma melhoria que pode ser implementada na empresa. Quando o cliente desejar falar, deve-se ouvi-lo, pois normalmente é assim que se resolve um problema ou cria-se algo completamente inesperado de uma resposta construtiva.

Com o resultado do NPS, os colaboradores da linha de frente das equipes devem verificar se a nota ficou alta ou baixa, para assim corrigir os erros e potencializar os acertos através de ações de acompanhamento que devem ocorrer diariamente junto aos demais empregados da corporação.

É comum realizarmos feedbacks com clientes de maneira trimestral. Convidamos dez clientes para um dia dentro da empresa, envolvendo-os em uma discussão sobre o feedback fornecido na pesquisa de NPS, com intuito de resolver os problemas e desenvolver novos treinamentos, que serão posteriormente passados para nosso time corrigir aquele erro de modo definitivo.

Em nossos dias, com as redes sociais, Google e inteligência artificial (IA) é muito fácil ouvir os clientes insatisfeitos da sua concorrência e utilizar tais informações para melhoria de um produto ou serviço que você possui dentro de seu portfólio.

A satisfação do público-alvo é um fator crucial para o sucesso de qualquer negócio. Clientes insatisfeitos têm grandes chances de não voltar, o que pode afetar a estabilidade financeira da empresa. Portanto, é essencial ouvir e entender as reclamações dos clientes insatisfeitos, especialmente aqueles que consomem de concorrentes.

Ao acompanhar os clientes insatisfeitos da concorrência, é possível identificar as falhas e deficiências dos produtos ou serviços oferecidos pelos concorrentes. Essas informações podem ser utilizadas para aprimorar

152   A arquitetura do varejo do futuro

os próprios produtos ou serviços, oferecendo uma alternativa melhor e mais satisfatória.

Além disso, ouvir os clientes insatisfeitos da concorrência também permite identificar oportunidades de diferenciação e inovação. Ao compreender suas necessidades e expectativas, é possível desenvolver soluções que atendam de maneira mais eficiente e eficaz às suas demandas.

A pesquisa de concorrência também desempenha papel importante nesse processo. Ao analisar a concorrência, é possível entender melhor o mercado de atuação e identificar as estratégias adotadas pelos concorrentes. Isso permite tomar decisões mais informadas e desenvolver um diferencial competitivo.

Em resumo, prestar atenção nos feedbacks que a concorrência recebe é fundamental para garantir a satisfação dos clientes e a estabilidade financeira do negócio. Essa prática permite identificar falhas, aprimorar produtos e serviços, desenvolver soluções inovadoras e obter um diferencial competitivo.

Conheça a opinião do cliente   153

10

ENTENDA SEU NEGÓCIO E ENCONTRE OUTRAS FONTES DE RENDA

Quando começamos o Grupo Gérbera_+, nosso foco era a venda de nossos produtos e serviços de uma maneira lucrativa e que garantisse liquidez na tesouraria. Em outras palavras, que vendêssemos bem com crescimento abundante e dinheiro para pagar as contas, com respeito aos nossos valores e à nossa missão.

Este capítulo pode até parecer simples para algumas pessoas, mas o óbvio precisa ser dito, pois o que é óbvio para mim pode não ser para o leitor desta obra e vice-versa.

CONSULTE SEMPRE UM BOM ADVOGADO TRIBUTARISTA

Como minha origem é jurídica, fica muito fácil visualizar a importância de um setor jurídico ou de escritório jurídico terceirizado especialista em direito tributário buscando aumentar a rentabilidade de um negócio de verdade, diante da complexidade das leis tributárias e da necessidade de especialização nessa área.

As empresas que possuem um bom advogado tributário sabem que a redução tributária é um diferencial de mercado, pois permite o pagamento correto de impostos e, em muitos casos, uma carga tributária menor em relação aos concorrentes. Isso resulta em preços mais competitivos, atratividade para os consumidores e uma maior rentabilidade aos negócios. A redução tributária também pode incentivar o investimento e o crescimento das empresas, contribuindo para o desenvolvimento econômico. Portanto, é importante que as empresas estejam atentas a essas oportunidades e utilizem esse diferencial a seu favor.

Um advogado tributário especializado pode auxiliar a empresa na avaliação e escolha do regime tributário mais adequado, como o Lucro Presumido ou Lucro Real, por exemplo, que é indicado para empresas com margem de lucro elevada. Essa escolha afeta diretamente a carga tributária da empresa e, em consequência, sua rentabilidade.

Um bom advogado tributário pode realizar um planejamento tributário bem-estruturado com o objetivo de reduzir riscos e custos, aumentar o investimento e melhorar o relacionamento da empresa com o fisco. Ele também pode indicar compra de créditos tributários de terceiros com excelente deságio para utilizar no abatimento de impostos da mesma natureza do crédito adquirido, seja ele federal, estadual ou municipal.

O conhecimento dos tributos é tão importante que os descontos tributários podem inclusive interferir na localização da abertura do seu negócio. Você pode inclusive decidir qual o melhor lugar para operar, a depender do benefício tributário da respectiva região em relação à natureza do seu negócio.

Portanto, conte com um tributarista para aumentar a rentabilidade de uma empresa. Esse profissional pode auxiliar na escolha do regime tributário mais adequado, realizar um planejamento tributário eficiente e oferecer uma assessoria preventiva que contribui para a redução de riscos e custos.

Lembre-se de que um escritório de advocacia é uma empresa, com clientes, funcionários, receitas, despesas e investimentos. Portanto, é fundamental investir em um advogado tributário especializado para garantir a rentabilidade e o sucesso do negócio.

CONSULTE SEMPRE UM BOM ADVOGADO.

REDUÇÕES CONTÁBEIS

Meu falecido pai sempre dizia que a importância de um contador competente para o desenvolvimento de uma empresa é fundamental. Um contador competente possui habilidades técnicas e conhecimentos necessários para lidar com as demandas contábeis e financeiras da empresa. Ele é capaz de interagir e utilizar as melhores tecnologias disponíveis, o que contribui para a eficiência e precisão dos processos contábeis.

O contador competente também desempenha um papel estratégico no desenvolvimento dos negócios. Ele vai além das tarefas operacionais e fiscais, sendo capaz de fornecer insights valiosos para a tomada de decisões. Sua expertise contábil e financeira permite identificar oportunidades de crescimento, otimizar recursos e minimizar riscos.

O contador precisa estar sempre atualizado com as normas e regulamentações contábeis, garantindo a conformidade da empresa com as obrigações legais. Isso evita problemas futuros e mantém a reputação da empresa intacta.

Em suma, um contador de qualidade é essencial para o desenvolvimento de uma empresa, pois sua atuação

Entenda seu negócio e encontre outras fontes de renda

contribui para a eficiência dos processos contábeis, a tomada de decisões estratégicas e a conformidade legal, evitando os gastos desnecessários com multas e tributos errados.

FAÇA COM QUE O JURÍDICO CONVERSE COM O CONTÁBIL

Quando o advogado conversa com o contador, a empresa só tem vantagens. A contabilidade para advogados proporciona diversos benefícios, tais como:

- controle financeiro;
- planejamento tributário;
- economia com tributos;
- cumprimento das obrigações legais;
- aumento de produtividade.

A proximidade e confiança entre contadores e advogados também traz uma série de benefícios para os profissionais e as empresas clientes de ambos. Ter um contador que auxilia o advogado permite um melhor planejamento financeiro, controle de caixa e distribuição de dividendos. Além disso, ter um CNPJ demonstra mais profissionalismo, possibilita pagar menos encargos tributários e estar em conformidade com as obrigações legais.

Tenho plena consciência que tal conversa pode parecer óbvia, mas diante das brigas de ego, reserva de mercado e até mesmo medo de perder o cliente, a queda de braço entre esses profissionais é mais comum do que os empresários imaginam. No entanto, é importante ressaltar que essa falta de comunicação é extremamente prejudicial para ambos os profissionais ou setores, uma vez que a colaboração entre advogados e contadores só traz benefícios mútuos, como a troca de conhecimentos e a melhoria na prestação de serviços aos clientes.

Sempre busco oportunidades de diálogo e interação entre esses profissionais, visando aprimorar suas práticas profissionais e promover uma melhor compreensão entre ambos, para que, ao final, novos benefícios sejam trazidos para a organização.

ENERGIA SOLAR

Quando busquei trabalhar com energia solar, primeiramente olhei a questão financeira, pois em trinta e seis meses foi pago todo o investimento realizado, trazendo uma visível melhoria na Demonstração do Resultado do Exercício (DRE) com o gasto para a distribuidora de energia oficial da região. Esse investimento começou a se pagar muito rápido, com economia já no primeiro mês.

Outro benefício alcançado com a utilização da energia solar foi a valorização do imóvel do nosso escritório central, já que a instalação de um sistema de energia solar aumenta o seu valor de mercado.

A valorização do imóvel ocorre devido aos benefícios que essa fonte de energia proporciona. A energia solar é limpa, não agride o meio ambiente e não emite gases de efeito estufa, tornando-se uma opção sustentável e atrativa para os compradores. A instalação de um sistema fotovoltaico valorizou nosso imóvel em 30%, tanto para a venda quanto para a locação.

Como nosso grupo possui operações descentralizadas e com várias locações de imóveis ficaria muito mais caro e complexo colocar placas de energia solar em todas as nossas operações, até porque isso ficaria inviável na aplicação de operações locadas em centros comerciais ou shopping centers. Estudamos, então, a hipótese de utilização das fazendas de energia solar.

As fazendas solares permitem o acesso à energia elétrica de modo mais acessível, contribuindo para a democratização do acesso à energia independentemente da aplicação das placas no lugar físico. Elas podem ficar localizadas em lugar diferente da área beneficiada.

E por que fazer a utilização de uma fazenda em uma área rural em vez de usar o terreno em área urbana? Primeiramente o preço do terreno, pois é inegável que o preço de um terreno em uma área rural é mais barato que na área urbana. Outra questão que vale a pena ressaltar é a alta incidência de luz solar em uma área aberta sem prédios atrapalhando a recepção dos aparelhos, o que garante uma melhor eficiência de geração de energia.

Além disso, a empresa responsável pela fazenda pode transferir créditos de energia gerada para o consumidor contratante, resultando em economias na conta de energia que pode ser distribuída para unidades diferentes da empresa. Caso a geração seja muito alta a ponto de trazer excesso de energia para a empresa, ela pode até ser transferida para empregados como benefício salarial ou indenizatório.

Em resumo, a implementação de energia solar através de placas ou fazendas só nos trouxe benefícios, tanto para a economia de energia quanto para o meio ambiente, melhorando a lucratividade e trazendo uma forma de investimento que gera resultados financeiros e sustentáveis, com redução do impacto ambiental e mitigação das mudanças climáticas. O uso da energia solar nos ajuda a atingir nossos objetivos em ESG, com a promoção de práticas sustentáveis e responsáveis. Isso, claro, melhora a visibilidade social da nossa organização.

ORGANIZANDO NOSSO ECOSSISTEMA

Com o passar do tempo, a maturidade empresarial evoluiu e percebemos que poderíamos aumentar nossa lucratividade com a criação de um ecossistema saudável dentro do nosso próprio negócio. A formação de um ecossistema empresarial é de extrema importância para o desenvolvimento e crescimento das empresas – e assim está sendo conosco.

Esse modelo de gestão empresarial prevê uma conexão mais próxima entre diferentes setores, promovendo a interação e o diálogo entre corporações. Essa interação permite que as empresas compartilhem conhecimentos, experiências e recursos, o que pode levar a uma maior eficiência operacional e a tomada de excelentes decisões estratégicas.

O ecossistema empresarial impulsiona o negócio a entrar em parcerias estratégicas. Essas parcerias podem trazer benefícios significativos para a empresa, como o acesso a novos mercados, compartilhamento de recursos e redução de custos. Ao se conectar com outras empresas, é possível aproveitar sinergias e criar um ambiente propício para o crescimento mútuo.

A formação de um ecossistema empresarial também é fundamental para a inovação. A concentração de empresas em um mesmo ambiente favorece a troca de conhecimentos e a criação de novas tecnologias e negócios dentro de uma organização moderna. A interação entre diferentes agentes, como empresas, instituições e indivíduos, proporciona um ambiente adequado para o surgimento de ideias inovadoras e o desenvolvimento de soluções criativas.

Em resumo, a formação de um ecossistema empresarial é essencial para o desenvolvimento e crescimento das empresas. Esse modelo de gestão empresarial promove a conexão entre diferentes setores, estimula parcerias estratégicas e impulsiona a inovação. Ao criar um ambiente colaborativo e propício para o compartilhamento de conhecimentos e recursos, as empresas podem alcançar resultados mais expressivos e se manterem competitivas no mercado.

Posso ter escrito um quilo e você ter entendido um grama, pois não é fácil criar ou entender um ecossistema empresarial, mas vou descrever como fiz para criar o ecossistema do Grupo Gérbera_+. Infelizmente não poderei colocar o nosso ecossistema, pois não possuo a autorização de todas as empresas envolvidas nele.

Usei as seguintes etapas para criação de nosso ecossistema:

1. **Planejamento**: fizemos um planejamento sólido para definir objetivos, metas e estratégias do ecossistema empresarial.
2. **Parcerias estratégicas**: estabelecemos parcerias com outras empresas, startups, universidades e demais agentes para criar uma rede de colaboração e apoio. E organizamos tais stakeholders em nossa rede.
3. **Inovação**: promovemos a inovação dentro do ecossistema, incentivando a criação de soluções inovadoras e o compartilhamento de conhecimento.
4. **Foco no cliente**: nos concentramos em criar valor para os consumidores a fim de entender suas necessidades e oferecer produtos e serviços de qualidade nos respectivos canais de aquisição de nossos produtos e serviços com um marketing multicanal.
5. **Colaboração**: estimulamos a colaboração entre as empresas do ecossistema, promovendo a troca de experiências, recursos e oportunidades de negócio.
6. **Suporte governamental**: buscamos apoio do governo e de instituições públicas para criar um ambiente favorável ao desenvolvimento do ecossistema empresarial. Não estou falando de vender produtos ou serviços para o estado, mas de estudar e aplicar a legislação cabível a nosso negócio.
7. **Acesso a recursos**: sempre garantimos o acesso a recursos financeiros, tecnológicos e humanos para

impulsionar o crescimento e a sustentabilidade do ecossistema, deixando organizada a contabilidade e a gestão de pessoas do time e mantendo sempre o caixa com liquidez.

8. **Aprendizado contínuo**: estamos sempre abertos a aprender com os erros e a nos adaptar às mudanças do mercado.

Com a implementação dessas medidas, foi possível construir nosso ecossistema empresarial, capaz de impulsionar o crescimento e a longevidade das nossas operações junto com as empresas envolvidas.

Aqui no Grupo Gérbera_+ entendemos que empresas não podem atuar como ilhas e precisam gerar valor por meio de pontes que chegam a redes de relacionamento de negócios que complementam o seu. Cada vez mais, a luta não será de empresas *versus* empresas, mas sim de ecossistemas *versus* ecossistemas.

A atuação em conjunto e a busca por outras fontes de renda se tornam cada vez mais importantes. Por meio da colaboração e da busca por parcerias, é possível encontrar outras variáveis de ganhos nos negócios.

Portanto, é fundamental que as empresas estejam abertas a atuar em conjunto, construindo redes de relacionamento e ecossistemas que fortaleçam seus negócios e gerem valor de maneira colaborativa, pois uma alcateia de cinquenta lobos é muito mais poderosa do que um leão isolado.

CONTE COM UM TRIBUTARISTA PARA AUMENTAR A RENTABILIDADE DE UMA EMPRESA.

A arquitetura do varejo do futuro
@rodrigowaughan

11

ORGANIZANDO NOSSO MARKETING

Entendo que o branding é uma estratégia crucial para aumentar as vendas de uma empresa ou de um profissional autônomo. Ela ajuda ainda a gerir como a marca é percebida pelo público e como ela se diferencia dos concorrentes. Somente com a construção de uma marca forte, bem-definida e reconhecida é possível transmitir confiança e credibilidade aos consumidores, o que pode influenciar diretamente suas decisões de compra.

Essa compreensão vem da época que advogava. Como comecei a advogar muito cedo em um escritório próprio, provavelmente ninguém teria coragem de me contratar. Então, escolhi trabalhar com alguns diferenciais visuais que impactavam diretamente meus clientes. Na época, nichei a minha advocacia para pessoas físicas de baixa renda e sempre tive em minha cabeça uma frase do grande carnavalesco Joãozinho Trinta (1933-2011): "Quem gosta de pobreza é intelectual, pobre gosta de luxo".

Todos os dias atendia de maneira impecável, com ternos de grife, gravata combinando com o lenço do bolso esquerdo e uma pasta prata que chamava mais atenção e me dava credibilidade diante dos olhos dos clientes. Era um advogado trajado para atuar nas grandes bancas de Wall Street que atendia pessoas físicas no clima inigualável de Manaus.

Obviamente que de nada valeria o cuidado pessoal se não houvesse competência. Porém, a soma da competência a um bom branding de marca pessoal fez com que meus clientes tivessem orgulho de falar do advogado que contrataram à época e, assim, passaram a indicar meus serviços para seus colegas de trabalho, familiares e, principalmente, para pessoas que tinham problemas similares aos deles. O resultado veio muito rápido e um crescimento em progressão geométrica ocorreu, o que me fez ampliar o tamanho do escritório para dar vazão à crescente demanda.

O branding funcionou e, com competência, estudo, inspiração e transpiração, a carreira também decolou. Na área do Direito no Brasil, o marketing ainda é extremamente restrito e com várias proibições. Mesmo com pouco entendimento de branding, quando fiz a transição de carreira para o mundo empresarial, estranhei um pouco no início, mas evoluí.

No início da minha vida empresarial, enxergava o marketing como apenas custo, principalmente quando via aqueles grandes outdoors, publicidades de televisão ou aquelas ações de fluxo nas quais as pessoas entregavam um regalo ou um brinde para aproximar o público das lojas.

Eu olhava aquilo e imaginava: isso não é para mim, pois não tenho dinheiro para trabalhar com uma publicidade produzida tal como gosto de ver.

Quando passei a estudar como funciona o marketing, vi que estava errado e que aquilo era para mim, e não só para mim. Aquilo serve para todo e qualquer empresário ou profissional autônomo.

No início, pensava que o marketing precisava estar cem por cento voltado para conversão e, por ignorância, à época, não imaginava quão importante é a construção de branding para uma marca. Mudar essa mentalidade de que nem tudo era conversão foi difícil, porque eu queria ver o retorno imediato do marketing. Se investia um valor em uma digital influencer queria ver de imediato o quanto ela trazia de volta.

Eu achava que sabia um pouco de branding, mas desconhecia a diferença entre o branding e o marketing focado em conversão e não sabia que os dois andam lado a lado. Foi quando percebi que já comprava de algumas marcas que era fã. Entendi que marcas trazem credibilidade e identificação, fazendo com que o cliente seja impactado através de ações e propósitos que fazem com que o olhar do consumidor mude em relação uma empresa.

Sou assumidamente chato e não compro em qualquer lugar. Costumo comprar em estabelecimentos que me identifico com alguma coisa: pode ser com o dono da marca, o produto, o propósito da venda ou um excelente atendimento.

Entendi que, com a criação de um branding forte, é possível valorizar seus produtos e serviços, apresentar uma diferenciação dos concorrentes, conseguir fidelização e principalmente atrair novos clientes.

CRIANDO NOSSO SETOR DE MARKETING

Muitas pessoas têm a ideia equivocada de que marketing se resume a criar um post bonito nas redes sociais. No entanto, essa visão simplista não reflete a realidade, pois o marketing é um conjunto de estratégias e ações que tem como objetivo promover um produto, serviço ou marca, visando atender às necessidades e desejos do público-alvo.

Envolve diversas etapas e atividades que vão desde a pesquisa de mercado, passando por definição de objetivos e estratégias, até chegar ao desenvolvimento de campanhas e o monitoramento e análise de resultados.

Antes de qualquer ação de marketing, é fundamental realizar uma pesquisa de mercado. Isso envolve coletar e analisar dados sobre o público-alvo, concorrentes, tendências do mercado, entre outros aspectos relevantes. Essa etapa é essencial para entender as necessidades e preferências do público, identificar oportunidades e definir estratégias eficazes.

Com base na pesquisa de mercado, é possível definir os objetivos de marketing. Esses objetivos podem variar, desde aumentar a visibilidade da marca até impulsionar as vendas de um produto específico. A partir disso, são traçadas as estratégias que serão utilizadas para alcançar tais objetivos.

Uma vez definidos os objetivos e estratégias, é hora de desenvolver as campanhas de marketing. Isso envolve a criação de conteúdo relevante e atrativo, a escolha dos canais de comunicação mais adequados, a definição de um cronograma de publicações, entre outros aspectos. O objetivo é transmitir a mensagem de maneira eficaz e impactante para o público-alvo.

Após a implementação das campanhas, é importante monitorar e analisar os resultados obtidos. Isso permite avaliar a eficácia das estratégias utilizadas, identificar pontos de melhoria e tomar decisões embasadas em dados concretos. O marketing é uma área que está em constante evolução, e a análise de resultados é fundamental para ajustar as estratégias e obter melhores resultados no futuro.

O marketing vai muito além de um post bonito. É um processo complexo e estratégico, que envolve diversas etapas e atividades. A criação de um post bonito pode ser apenas uma pequena parte desse processo, mas é necessário considerar todas as outras etapas para obter resultados efetivos.

Inicialmente trabalhávamos apenas com agências terceirizadas para nos atender em ações externas, mas já tinha noção de que precisaria contratar uma pessoa para iniciar a formação do setor de marketing do Grupo Gérbera_+. Acontece que sempre protelava essa decisão.

Quando veio a pandemia e com as entregas crescentes do canal de venda direta, a nossa gerente de venda direta, Suzana Silva, à época, em uma conversa com a coordenadora de nossa maior unidade, Valeria Araújo, tiveram uma conversa depois de um dia com bastante trabalho. Esse diálogo levou à criação do nosso setor de marketing. O bate-papo foi mais ou menos assim:

SUZANA: *Como vamos chegar às nossas metas no meio dessa pandemia? Pois não estamos encontrando fisicamente com nossos revendedores.*

Organizando nosso marketing   171

VALERIA: *Amanhã conversamos, hoje tem live da Marília Mendonça, vou descansar.*
SUZANA: *Live, vamos fazer uma live?*
VALERIA: *Uma live? Quem vai falar?*
SUZANA: *Vamos ver qual dos nossos supervisores tem a melhor comunicação e VAMBORA.*
VALERIA: *E como vamos filmar?*
SUZANA: *Não sei, vamos ver se alguém do nosso time sabe filmar.*

Dessa conversa despretensiosa, uma supervisora chamada Samara Imbellone se predispôs a filmar e organizar as lives. Na época, o material de apoio era um celular, a vontade de fazer a live e uma caixa de perfume Malbec para apoiar o celular. Com o tempo, as lives foram ficando mais profissionais, então nossa supervisora foi estudar e tornou-se nossa primeira colaboradora do setor de marketing em uma EU-QUIPE. Ela fez uma transição de carreira, formou-se na faculdade de marketing e continua evoluindo. Com o tempo, fizemos uma house de marketing bem completa coordenada por ela, com gerente de criação, editor, fotógrafo, videomaker, designer, editor, social media, menores aprendizes, entre outros.

Hoje nos benchmarkings que recebemos no Grupo Gérbera_+, as pessoas ficam impressionadas com a estrutura e como trabalhamos o endomarketing e o marketing, mas sempre deixo claro que começamos o setor bem pequeno e de maneira precária até atingir esse nível atual de organização e qualidade.

TEMOS UMA PREOCUPAÇÃO ETERNA COM NOSSO ENDOMARKETING

Acredito que fazemos no endomarketing algo que poucas empresas fazem, pois entendo que o time interno precisa estar preparado para executar os *leads* vindos do marketing digital ou as captações advindas de qualquer ação externa. Isso só é possível de ser realizado com excelência quando se tem uma equipe qualificada e motivada.

Com o endomarketing, foi possível identificar diversos benefícios para a empresa, tais como:

1. **Engajamento dos colaboradores**: ao promover ações de endomarketing, conseguimos engajar nossos colaboradores, tornando-os mais motivados e comprometidos com os objetivos da organização. Essas ações resultaram no aumento da produtividade e da qualidade do trabalho realizado.

2. **Fortalecimento da cultura organizacional**: o endomarketing nos ajudou a fortalecer a cultura organizacional, ou seja, valores, crenças e comportamentos que são compartilhados pelos colaboradores. Isso criou um ambiente de trabalho mais coeso e alinhado, onde todos trabalham em prol dos mesmos objetivos.

3. **Melhoria do clima organizacional**: ao investir em ações de endomarketing, melhoramos o clima organizacional, tornando o ambiente de trabalho mais agradável e estimulante e isso contribuiu para a retenção de talentos e para a redução do *turnover*.

Organizando nosso marketing   173

4. **Aumento da satisfação dos colaboradores**: o endomarketing também contribuiu para aumentar a satisfação dos colaboradores, pois demonstramos que a empresa está sempre preocupada com eles e valoriza seu trabalho.

5. **Melhoria da comunicação interna**: o endomarketing também melhorou a comunicação interna da empresa, garantindo que as informações sejam transmitidas de maneira clara e eficiente para todos os colaboradores. Essa comunicação evita ruídos e mal-entendidos e contribui para um melhor desempenho das equipes.

6. **Atração de novos talentos**: o cuidado com nossos colaboradores e o modo como nos identificamos nas nossas redes fez com que a empresa fosse cada vez mais procurada por pessoas com interesse em trabalhar conosco. Atualmente recebemos cinco vezes mais currículos para as vagas do que na época que não trabalhávamos o endomarketing.

O endomarketing é uma estratégia de marketing voltada para o público interno de uma empresa e tem como objetivo promover ações e iniciativas que fortaleçam a cultura organizacional, engajem os funcionários e melhorem a comunicação interna. Nesse sentido, é fundamental que o endomarketing seja desenvolvido pelo time interno da empresa, e não por agências terceirizadas. Particularmente acredito nessa afirmação pelos seguintes motivos:

1. **Conhecimento interno**: o time interno possui um conhecimento mais aprofundado sobre a cultura, os valores e os objetivos da empresa. Eles estão imersos no dia a dia da organização e entendem melhor as necessidades e desafios dos colaboradores. Esse conhecimento é essencial para criar ações de endomarketing efetivas.

2. **Proximidade com os colaboradores**: um relacionamento mais próximo com a equipe facilita a identificação de suas necessidades, expectativas e desejos. Essa proximidade permite que as ações de endomarketing sejam mais personalizadas e direcionadas, aumentando sua eficácia.

3. **Agilidade e flexibilidade**: otimiza a implementação de ações de endomarketing. Eles podem identificar oportunidades de melhoria e agir rapidamente, sem depender de aprovações externas ou processos burocráticos. Isso é especialmente importante em um ambiente empresarial dinâmico e em constante mudança.

4. **Custo-benefício**: desenvolver o endomarketing internamente pode ser mais econômico do que contratar agências terceirizadas. Além disso, o investimento feito no desenvolvimento das habilidades do time interno em relação ao

endomarketing pode trazer benefícios a longo prazo, pois eles estarão preparados para lidar com as demandas futuras da empresa.

Entre as ações de endomarketing, comunicamos diariamente os respectivos aniversariantes em nossa rede social, levamos nossos colaboradores à nossa árvore para trabalhar a ESG e celebrar seus respectivos aniversários próximo à natureza, ouvimos a ponta para efetivar melhorias de ferramentas e do ambiente de trabalho, organizamos eventos motivacionais próximo a datas com sazonalidade alta de venda, realizamos uma convenção anual com todos os nossos colaboradores dando a possibilidade de assiduidade física ou on-line, entre outras ações.

Somos *high tech e high touch*, acredito piamente que as máquinas precisam entrar em nossa vida para melhorá-la em vez de causar o afastamento visto em alguns casos. Por isso, trazemos ferramentas que integram e potencializam cada vez mais a comunicação interna. O objetivo é diminuir os ruídos e as falhas de comunicação entre colaboradores e empresa. Investimos tempo e dinheiro em uma ferramenta eficiente e eficaz para alcançar nossa meta do setor de gente e cultura.

CONVERSANDO SOBRE MARKETING DE FRANQUIAS

Como trabalho com algumas franquias, em regra uma rede de franquias oferece diversos benefícios

176   A arquitetura do varejo do futuro

e vantagens para quem deseja empreender. Um dos diferenciais é que o branding normalmente já foi trabalhado, o que traz uma série de vantagens para o franqueado.

Vou nortear algumas vantagens do branding já trabalhado em uma rede de franquias:

1. **Reconhecimento de marca**: uma rede de franquias já estabelecida possui um nome conhecido no mercado, o que facilita a atração de clientes. O branding já trabalhado contribui para que a marca seja facilmente reconhecida e lembrada pelos consumidores.

2. **Credibilidade**: uma marca com um branding sólido transmite confiança aos clientes. Ao fazer parte de uma rede de franquias com um branding já estabelecido, o franqueado se beneficia dessa credibilidade, o que pode facilitar a conquista de novos clientes e a fidelização dos existentes.

3. **Padronização**: uma rede de franquias costuma ter processos e padrões bem-definidos, incluindo a identidade visual e a comunicação da marca. Isso garante que todas as unidades sigam a mesma linha, transmitindo uma imagem consistente e coerente ao público. O branding já trabalhado contribui para essa padronização, facilitando a gestão e o reconhecimento da marca em todas as unidades.

Organizando nosso marketing **177**

4. **Suporte e treinamento**: ao fazer parte de uma rede de franquias, o franqueado recebe suporte e treinamento da franqueadora. Isso inclui orientações sobre como utilizar corretamente o branding da marca, garantindo que todos os aspectos visuais e comunicacionais estejam alinhados com a identidade da empresa.

5. **Economia de tempo e recursos**: o franqueado não precisa começar do zero na construção do branding. Isso economiza tempo e recursos, já que grande parte do trabalho já foi realizado pela franqueadora. O franqueado pode se concentrar em outras áreas do negócio, como a gestão operacional e o atendimento ao cliente.

Em resumo, trabalhar com uma rede de franquias traz a vantagem de contar com um branding já trabalhado. Isso proporciona reconhecimento de marca, credibilidade, padronização, suporte e treinamento, além de economia de tempo e recursos. Esses benefícios contribuem para o sucesso do negócio e para a construção de uma imagem forte e consistente no mercado.

Obviamente que uma rede de franquias tem suas estratégias de marketing bem lapidadas e em todas as franquias existem manuais de operações bem claros; por isso, se você for franqueado de alguma marca, antes leia o manual de operações de sua franquia, que é a "bíblia" de qualquer franqueado, lá está exposto o que é possível fazer ou não.

O franqueado é extremamente importante para posicionar a marca-mãe na regionalidade local, porém, não adianta fazer marketing de qualquer jeito. Se o franqueado tiver intenção de agregar valor para a marca com ações locais, precisa apresentar adaptações para a franquia com algo que faça sentido regionalmente para que a aprovação ocorra em conjunto, ou seja, se você for franqueado, nunca faça marketing envolvendo a marca que você defende sem a devida autorização da franqueadora.

Quando o franqueado consegue a autorização da franqueadora para agregar nas estratégias, o marketing glocal começa a funcionar. O marketing glocal é uma estratégia que combina elementos do marketing global e do marketing local. Essa abordagem busca adaptar as estratégias de marketing global para atender às necessidades e preferências locais de cada mercado.

Vejamos algumas características do marketing glocal:

1. **Globalização com localização**: o marketing glocal busca alcançar uma presença global, mas com uma abordagem localizada. Isso significa que as empresas adaptam suas estratégias de marketing para se adequarem às características culturais, sociais, econômicas e políticas de cada mercado específico.

2. **Personalização**: o marketing glocal reconhece a importância de personalizar as mensagens e as ofertas para cada mercado local. Isso envolve a adaptação da linguagem, dos valores, dos símbolos e das referências culturais para se conectar de maneira mais efetiva com o público-alvo.

3. **Flexibilidade**: o marketing glocal permite que as empresas sejam flexíveis e ágeis na adaptação de suas estratégias de marketing. Isso é especialmente importante em um mundo em constante mudança, onde as preferências e as tendências dos consumidores podem variar rapidamente.

4. **Coerência da marca**: embora o marketing glocal busque adaptar as estratégias de marketing para cada mercado local, é essencial manter a coerência da marca em todos os mercados. Isso significa que a identidade da marca, os valores e a mensagem central devem ser mantidos, independentemente do mercado em que a empresa esteja atuando.

E, obviamente, alguns benefícios, vejamos:

1. **Maior relevância**: ao adaptar as estratégias de marketing para cada mercado local, as empresas podem se tornar mais relevantes e atrativas para o público-alvo. Isso aumenta as chances de

180   A arquitetura do varejo do futuro

sucesso e de aceitação dos produtos ou serviços oferecidos.

2. **Maior efetividade**: ao personalizar as mensagens e as ofertas, as empresas podem se comunicar de maneira mais efetiva com os consumidores locais. Isso resulta em uma maior conexão emocional e em uma melhor compreensão das necessidades e desejos do público-alvo.

3. **Maior competitividade**: o marketing glocal permite que as empresas se destaquem da concorrência, oferecendo produtos ou serviços adaptados às preferências locais. Isso pode criar uma vantagem competitiva significativa e aumentar as chances de sucesso nos mercados locais.

Um exemplo clássico de implementação do marketing glocal é o caso da Coca-Cola, de uma lata azul especialmente para o Festival de Parintins, porque essa cor está associada à festa e tradição do evento, que é uma das maiores festas populares do Brasil, realizada anualmente no município de Parintins, no estado do Amazonas.

Durante o festival, ocorre uma competição entre dois bois-bumbás, o Boi Garantido (representado pela cor vermelha) e o Boi Caprichoso (representado pela cor azul). Esses bois-bumbás são agremiações folclóricas que apresentam um espetáculo de dança, música e teatro, contando histórias e lendas da região amazônica.

A Coca-Cola, como patrocinadora do evento, busca se envolver e se conectar com a cultura local, criando uma lata especial que remete à identidade visual do Festival de Parintins. A cor azul da lata é uma forma de homenagear o Boi Caprichoso e seus torcedores, além de fortalecer a presença da marca durante a festa.

Essa estratégia de marketing visa não apenas promover a Coca-Cola, mas também valorizar e celebrar a cultura regional, estabelecendo uma conexão emocional com os consumidores locais e reforçando o apoio da empresa ao evento. A lata azul se torna um símbolo de união entre a marca, o festival, a comunidade de Parintins e os torcedores do Boi Caprichoso, entre os quais me incluo.

Voltando ao contexto, para realizar um marketing glocal com qualquer franquia prepare as estratégias e combine o que, como e por quem será feito, pois o combinado nunca sai caro.

A IMPORTÂNCIA DO MARKETING 360° E DE UM ORÇAMENTO PLANEJADO

No Grupo Gérbera_+ colocamos o cliente sempre no centro em todos os canais de vendas, entregas e marketing. Acreditamos em uma estratégia 360° em todas as áreas. O Marketing 360° busca integrar todas as ações de marketing de uma empresa, tanto on-line quanto off-line, de modo a criar uma experiência consistente e completa para o cliente. Essa abordagem abrangente é essencial nos dias de hoje, em que os consumidores estão cada vez mais conectados e exigentes.

Com o Marketing 360°, todas as ações de marketing são alinhadas e consistentes com a identidade da marca. Isso inclui desde a comunicação nas redes sociais até a publicidade em mídias tradicionais. Essa consistência ajuda a fortalecer a imagem da marca na mente dos consumidores e a criar uma identidade sólida.

Quando adotamos a abordagem integrada, obtivemos uma visão mais completa do público-alvo. Isso ocorreu porque as informações coletadas em diferentes canais de marketing foram combinadas e analisadas em conjunto. Com uma compreensão mais profunda do público-alvo, foi possível criar campanhas mais direcionadas e eficazes.

Ao integrar todas as ações de marketing, evitamos a duplicação de esforços e maximizamos a eficiência. Uma campanha de marketing digital pode ser complementada com ações off-line, como eventos ou anúncios em revistas. Isso nos permite alcançar um público maior, com melhores resultados e um investimento menor.

O Marketing 360° visa proporcionar uma experiência consistente e completa para o cliente em todos os pontos de contato com a marca. Isso inclui desde a primeira interação com a empresa até o pós-venda. Ao oferecer uma experiência positiva e coerente, foi possível construir relacionamentos mais fortes com os clientes e aumentar a fidelidade à marca.

Um grande desafio das empresas é ter a metrificação de marketing através de dados. Com essa estratégia 360°, foi possível acompanhar e analisar os resultados de todas as ações de marketing de maneira integrada, o que nos permitiu identificar quais estratégias funcionam melhor e quais precisam ser ajustadas. Com base nessa análise, é possível tomar decisões mais informadas e otimizar os investimentos em marketing de maneira mais assertiva.

Tenho plena consciência de que não é fácil integrar canais, ainda mais de marketing, porém o melhor caminho é ter um orçamento já estabelecido para o marketing, pois ele permite que a organização planeje, aloque e controle os recursos financeiros destinados às atividades em cada canal.

Quando não se tem dinheiro, é difícil trabalhar com marketing, mas também não é fácil quando se tem verba. Em ambos os casos, um orçamento de marketing bem elaborado é essencial para o planejamento estratégico da empresa. Ele permite que a organização defina metas e objetivos claros, identifique as melhores estratégias de marketing a serem adotadas e estabeleça um cronograma de ações em cada dia, mês, trimestre, semestre e ano.

Com um orçamento estabelecido, a empresa pode alocar os recursos financeiros com eficiência. Isso significa que os investimentos em marketing serão direcionados para as áreas e atividades que trarão os melhores resultados, maximizando o retorno sobre o investimento. Aliás, o retorno sobre o investimento, também chamado de ROI, é algo extremamente negligenciado por agências e empresas, mas que precisa sempre ser medido para que a verba não seja jogada no lixo.

Um orçamento de marketing também é fundamental para o controle financeiro da empresa. Ele permite que a organização acompanhe de perto os gastos e investimentos nessa área, para evitar desperdícios e garantir que os recursos sejam utilizados de maneira inteligente.

Quando começamos a ter um orçamento estabelecido, passei a ter uma base sólida para tomar decisões estratégicas relacionadas ao marketing. Por exemplo, ao surgir uma oportunidade de investimento em uma nova ação de publicidade, já era possível avaliar se tínhamos recursos disponíveis e se essa ação estava alinhada com os objetivos estabelecidos e se teríamos produtos para atender a ativação.

O orçamento de marketing permitiu que a empresa mensurasse os resultados das ações realizadas. Ao comparar os investimentos feitos com os resultados obtidos, a organização pode identificar quais estratégias são mais eficazes e quais precisam ser ajustadas,

Organizando nosso marketing 185

contribuindo para a melhoria contínua das atividades de marketing no decorrer dos anos.

O orçamento estabelecido para o marketing passou a ser essencial para o planejamento estratégico, alocação de recursos, controle financeiro, tomada de decisões e mensuração de resultados, sendo uma ferramenta fundamental para o sucesso das atividades de Marketing 360° do Grupo Gérbera_+.

SOMENTE COM A CONSTRUÇÃO DE UMA MARCA FORTE, BEM-DEFINIDA E RECONHECIDA É POSSÍVEL TRANSMITIR CONFIANÇA E CREDIBILIDADE AOS CONSUMIDORES.

A arquitetura do varejo do futuro
@rodrigowaughan

12

O CAIXA
É REI

Não adianta você fazer tudo que falei nos capítulos anteriores e ficar com as contas atrasadas ou sem dinheiro para comprar um café expresso na esquina. Evidentemente, qualquer empresa precisa crescer, porém para crescer é necessário que ela possua liquidez na tesouraria, ou seja, dinheiro livre para pagar as contas e para poder abraçar oportunidades que surgem no mercado, como a compra de uma outra empresa.

CANSEI DE VER EMPRESAS CRESCENDO EM VENDAS E PERDENDO DINHEIRO.

É bastante comum observar empresas que experimentam um crescimento nas vendas, mas acabam enfrentando dificuldades financeiras e registrando prejuízos. Essa situação muitas vezes ocorre devido a uma série de fatores que podem incluir despesas operacionais elevadas, má gestão financeira, estratégias de precificação inadequadas, ou até mesmo a falta de uma base sólida para sustentar o crescimento.

Uma análise aprofundada das finanças, a implementação de práticas de gestão eficientes e uma estratégia de crescimento sustentável são essenciais para evitar que o aumento nas vendas resulte em perdas financeiras. Dessa maneira, é possível garantir que o crescimento seja equilibrado e contribua para a saúde financeira geral da empresa.

Há um preconceito tolo a respeito de falar abertamente sobre dinheiro e finanças no Brasil, porém essa é uma matéria que deveria ser discutida em bancos escolares, tamanha a importância da educação financeira para a sociedade. Todas as organizações, até as sem fins lucrativos, deveriam ter como foco uma melhor administração financeira sob pena de fecharem e não possuírem valores para pagar contas básicas de seu dia a dia como água, luz ou telefone.

É comum uma empresa vender bastante e o dono continuar investindo e, ao final, não conseguir enxergar onde está seu dinheiro, pois a sua tesouraria está sempre apertada diante da quantidade de boletos que tem para pagar ou um ciclo financeiro mal desenhado – de que adianta vender e seu dinheiro ficar perdido em gastos soltos?

No varejo é necessário fazer estoque para evitar a ruptura (que é a falta de produto no estoque no momento da compra do seu cliente, como já descrevi antes). Para tanto, é necessário investir na compra de produtos, e esse dinheiro pode vir da própria empresa, do bolso do dono ou através de empréstimos bancários ou de terceiros. Entretanto, tão importante quanto saber de onde virá o dinheiro é saber como empregar o dinheiro que já se tem.

É comum empresas quebrarem por não conhecerem seu ciclo financeiro, possibilitando grandes parcelamentos e um processo de compras com pagamento à vista, o que leva a um efeito tesoura no seu ciclo financeiro. O "efeito tesoura" é um termo utilizado para descrever uma situação em que os gastos de uma pessoa ou empresa excedem sua receita, o que conduz a um desequilíbrio financeiro. Isso pode resultar em dificuldades para pagar contas, acumular dívidas e até mesmo levar à falência.

Esse efeito tesoura surge quando a curva de necessidade de capital de giro de uma empresa passa a ser negativa e as contas são superiores às entradas. Para evitar o efeito tesoura em nosso ciclo financeiro, no Grupo Gérbera_+ adotamos as seguintes medidas:

1. **Planejamento financeiro**: fizemos um planejamento detalhado de nossas receitas e despesas. Identificamos todas as fontes de renda e todos os gastos, incluindo os fixos e os variáveis, o que nos ajudou a ter uma visão clara da situação financeira e a tomar decisões mais conscientes.

2. **Controle de gastos**: analisamos nossos gastos e identificamos onde era possível reduzir ou eliminar despesas desnecessárias. Cortamos o supérfluo e priorizamos o essencial. Estabelecemos um limite de gastos mensais e sempre buscamos gastar menos do que ganhamos.

3. **Aumento de receitas**: o nosso setor financeiro precisou se adaptar a uma nova economia; ele precisou ir além da tesouraria e buscar melhorias para evitar prejuízos para a empresa. Cito como exemplo a implementação de um gerenciador de recebíveis de cartões para verificar se os repasses bancários estavam sendo feitos de maneira correta, pois é comum encontrar erros de repasses bancários para empresas.

4. **Reserva de emergência**: sempre fui precavido, por isso sempre fui favorável à implementação de uma reserva de emergência para lidar com imprevistos,

como reparos em uma operação, rescisões ou mesmo compra de uma empresa. Atualmente trabalhamos com uma reserva suficiente para cobrir seis meses de nossa operação, mas buscamos engordar cada vez mais essa reserva.

5. **Negociação de dívidas**: ao final de cada ano, buscamos sempre renegociar ou antecipar parcelas de empréstimos bancários sem que a liquidez do caixa seja prejudicada. Quando não tinha capital para assegurar o crescimento, procurei opções de renegociação com juros mais baixos e prazos mais longos. Nunca gostei de estar endividado, por isso, sempre evitei contrair novas dívidas e me concentrei em pagar as existentes.

6. **Educação financeira**: como na vida e na faculdade que cursei (Direito), nunca tinha visto nada de educação financeira, investi em minha educação nessa área, busquei conhecimento sobre como administrar meu dinheiro e o da empresa de maneira eficiente. Li muitos livros, participei de cursos técnicos, aprendi a fazer e analisar uma DRE, assim como aprendi a trabalhar com um fluxo de caixa com alta assertividade.

O CONSELHO QUE DEIXO É: LEIA LIVROS, PARTICIPE DE CURSOS E BUSQUE ORIENTAÇÃO DE PROFISSIONAIS ESPECIALIZADOS.

Cabe ressaltar que para evitar o efeito tesoura é necessário disciplina e comprometimento, ou seja, sempre tive a certeza de que precisaria ficar atualizado sobre a situação financeira do Grupo Gérbera_+, e fazer os ajustes quando necessário. Com planejamento e controle conseguimos evitar o desequilíbrio financeiro e garantir uma vida financeira saudável.

Uma maneira de melhorar o ciclo financeiro e começar a enxergar o dinheiro dentro de uma empresa é negociar prazos mais curtos com fornecedores em troca de descontos ou prazos maiores, diminuindo o dispêndio de caixa do valor total da compra em um curto período.

Ao reduzir os prazos de pagamento aos fornecedores, a empresa diminuía o tempo entre a compra de matéria-prima ou produtos e o recebimento do pagamento dos clientes. Isso ajudou demais no aumento de liquidez e melhoria de nosso ciclo financeiro. Negociar prazos de pagamento mais curtos com fornecedores trouxe diversos benefícios, cito algumas razões pelas quais isso é importante:

1. **Melhor relacionamento com fornecedores**: negociar prazos de pagamento mais curtos pode fortalecer o relacionamento com os fornecedores. Sempre que houver possibilidade de começar a diminuir os prazos mais longos de pagamento sem prejudicar a saúde financeira da empresa, faça tal pagamento em prol de um bom relacionamento.

2. **Descontos em prazos menores**: no Grupo Gérbera_+, não temos vergonha de pedir desconto, principalmente em pagamentos a vista ou em um pagamento muito curto. No final, esse desconto normalmente vira aumento de lucratividade e melhora nosso fluxo de caixa.

3. **Maior poder de negociação**: ao ter prazos de pagamento mais curtos, passamos a ter mais poder de negociação com fornecedores. Isso normalmente ocorre quando uma empresa está em uma posição mais favorável, pois todo fornecedor deseja receber o pagamento o mais rápido possível, e não correr risco de inadimplência. Isso normalmente resulta em melhores preços, condições de pagamento mais flexíveis ou outros benefícios.

Em resumo, negociar prazos de pagamento mais curtos com fornecedores pode trazer vantagens financeiras e fortalecer o relacionamento com eles. É uma estratégia importante para melhorar o fluxo de caixa, reduzir custos financeiros, fortalecer o relacionamento com fornecedores e aumentar o poder de negociação da empresa.

Cabe ressaltar que, quando uma empresa tem prazos de pagamento mais curtos com fornecedores, ela pode precisar recorrer a empréstimos ou linhas de crédito para cobrir os custos até que o pagamento seja recebido. Isso pode resultar em custos financeiros adicionais, como juros e taxas; por isso, negociar prazos mais longos, de preferência sem juros, ajuda o financiamento sadio da operação quando não se tem condições de fazer o pagamento à vista ou em um prazo curto. Não descarte pedir um parcelamento maior no pagamento de suas contas, caso seja necessário, para arrumar o ciclo financeiro da sua operação.

O incentivo ao recebimento à vista também traz em regra resultados positivos, pois, ao incentivar os clientes a pagarem à vista, o dinheiro entra rápido e a operação começa a se autofinanciar. Isso pode ser feito oferecendo descontos para pagamentos nessa modalidade, o que pode atrair mais clientes e aumentar a velocidade de recebimento dos pagamentos. No entanto, é importante ter cuidado para que esses descontos não inviabilizem o negócio em nome de um caixa rápido. É necessário encontrar um equilíbrio entre oferecer descontos atrativos e garantir a sustentabilidade financeira da empresa.

Vejamos os principais benefícios do recebimento à vista:

1. **Liquidez imediata**: ao receber o pagamento integral no momento da venda, a empresa tem acesso imediato aos recursos financeiros, o que pode ser especialmente útil para cobrir despesas urgentes ou investir em novos projetos.
2. **Redução de riscos**: ao receber o valor integral antecipadamente, a empresa elimina o risco de inadimplência ou atrasos nos pagamentos. Isso proporciona maior segurança financeira e evita possíveis problemas de fluxo de caixa.

3. **Menor custo de operação**: a empresa evita a necessidade de lidar com cobranças, negociações de prazos e outras questões relacionadas ao recebimento parcelado. Isso pode resultar em uma redução nos custos operacionais.

4. **Negociações mais favoráveis**: ao oferecer descontos para pagamentos à vista, a empresa pode atrair mais clientes e fechar negócios mais rapidamente. Além disso, a possibilidade de oferecer preços mais competitivos pode ser um diferencial em relação à concorrência.

Embora o recebimento à vista traga benefícios, é importante considerar também os riscos associados aos descontos oferecidos nessa modalidade. Alguns dos principais riscos são:

1. **Redução da margem de lucro**: a empresa pode ter uma redução na margem de lucro, já que receberá um valor menor do que o previsto inicialmente.

2. **Perda de vendas**: alguns clientes podem preferir parcelar o pagamento, mesmo que isso signifique pagar juros, para não comprometer todo o valor de uma só vez. Ao oferecer apenas a opção de pagamento à vista, a empresa pode perder vendas para concorrentes que oferecem condições mais flexíveis.

3. **Impacto no fluxo de caixa**: a depender do volume de vendas e da política de descontos adotada, a

empresa pode enfrentar dificuldades no fluxo de caixa, especialmente se a maioria dos clientes optar por pagar à vista.

4. **Possíveis problemas de relacionamento com clientes**: alguns clientes podem se sentir insatisfeitos se não tiverem a opção de parcelar o pagamento ou se não receberem descontos em compras à vista. Isso pode afetar a imagem da empresa e prejudicar o relacionamento com os clientes.

Portanto, sempre avaliamos cuidadosamente os benefícios e riscos do recebimento à vista e dos seus descontos, considerando as características do negócio, o markup do produto e o perfil dos clientes.

Cabe sempre lembrar que uma política de crédito bem estruturada é de extrema importância para garantir o bom funcionamento financeiro de uma empresa. É essencial que essa política esteja alinhada com a capacidade de pagamento dos clientes, visando evitar problemas como inadimplência e prejuízos financeiros.

Uma política de crédito mais rigorosa pode ser uma estratégia eficaz para reduzir o número de parcelamentos e diminuir o ciclo financeiro da empresa. Ao estabelecer critérios mais firmes para a concessão de crédito, é possível selecionar clientes mais confiáveis e minimizar os riscos de inadimplência. Uma política de crédito rigorosa também pode contribuir para a melhoria do fluxo de caixa da empresa, uma vez que reduz a necessidade de financiamentos e empréstimos para cobrir os valores não pagos pelos clientes.

Portanto, avaliamos constantemente nossa política de crédito, buscando alinhar as condições de pagamento oferecidas aos clientes com sua capacidade financeira. Desse modo, é possível garantir um equilíbrio saudável entre a concessão de crédito e a minimização dos riscos financeiros.

A tecnologia é muito importante em qualquer negócio, assim como na gestão financeira; utilizar sistemas de gestão financeira e de vendas ajuda a automatizar processos e agilizar o recebimento dos pagamentos com uma visão *just in time* do seu ciclo financeiro, permitindo reduzir o tempo entre a venda e o recebimento do pagamento, para assim melhorar o ciclo financeiro com apenas alguns cliques.

Algo essencial e que mudou nossa identificação de possíveis problemas futuros foi a realização de um fluxo de caixa assertivo e o seu monitoramento diário, pois tal hábito nos possibilitou evitar problemas tomando medidas corretivas e de diminuição de parcelamento em troca de descontos na melhoria do ciclo financeiro da empresa.

Ao implementar essas estratégias, reduzimos o número de parcelamentos oferecidos aos clientes e melhoramos nosso ciclo financeiro, que resultou em uma maior eficiência operacional e em uma melhor saúde financeira para a empresa.

Com o tempo e com o Grupo Gérbera_+ crescendo de maneira orgânica, começamos a fazer algo comum entre organizações, que é a aquisição de outras empresas.

Nessa hora, porém, foi necessário cuidado para evitar um crescimento desenfreado às custas de um caixa ilíquido.

Já vi algumas empresas que quebraram crescendo e não me perdoaria em ver isso ocorrendo com a operação que presido, pois o crescimento desenfreado de uma empresa pode trazer consequências negativas se não for devidamente gerenciado. Embora o crescimento seja em geral considerado positivo, é importante ter cuidado para evitar problemas futuros. Aqui estão algumas razões pelas quais é necessário ter cuidado com o crescimento desenfreado de uma empresa:

1. **Sobrecarga de recursos**: um crescimento rápido pode levar a uma demanda excessiva por recursos, como mão de obra, matéria-prima e capital. Se a empresa não estiver preparada para lidar com essa demanda, pode ocorrer uma sobrecarga que afetará negativamente a eficiência e a qualidade dos produtos ou serviços.

2. **Perda de controle**: à medida que uma empresa cresce rapidamente, pode se tornar mais difícil para os gestores manterem o controle sobre todas as operações. Isso pode levar a uma falta de supervisão adequada, o que pode resultar em erros, desperdícios e até mesmo fraudes.

3. **Dificuldade em manter a cultura organizacional**: o crescimento rápido pode levar à contratação em massa de novos funcionários. Isso pode dificultar a manutenção da cultura organizacional original da

empresa, o que pode afetar negativamente a coesão da equipe e a identidade da marca.

4. **Risco de expansão excessiva**: isso pode levar a uma expansão excessiva em mercados saturados ou não lucrativos, resultando em um aumento da concorrência e na diluição da participação de mercado, o que pode afetar negativamente a rentabilidade da empresa.

5. **Instabilidade financeira**: o aumento desenfreado exige investimentos significativos em infraestrutura, marketing e desenvolvimento de produtos. Se a empresa não tiver uma base financeira sólida ou não conseguir gerar fluxo de caixa suficiente para sustentar esse crescimento, pode enfrentar problemas financeiros e até mesmo falência.

ACREDITO QUE, SE VOCÊ FIZER TUDO QUE FOI EXPOSTO E SUA EMPRESA AINDA CONTINUAR COM O CAIXA NEGATIVO, SERÁ HORA DE OLHAR A PRECIFICAÇÃO, POIS PRODUTOS E SERVIÇOS PRECISAM DE UMA MARGEM BOA PARA OPERAR; DO CONTRÁRIO, VOCÊ TRABALHARÁ PARA PAGAR CONTAS E FICAR NO PREJUÍZO.

E não podemos esquecer deles: os impostos.

Os impostos não devem ser esquecidos jamais, principalmente no início da operação. A escolha do regime tributário pode ser o diferencial para uma operação ficar em pé ou não.

O regime tributário mais adequado para o seu negócio dependerá da sua receita e do tipo de atividade da empresa. No Brasil, existem três opções de regime tributário que podem ser adotados: Simples Nacional, Lucro Presumido e Lucro Real.

1. **Simples Nacional**: é um regime simplificado para micro e pequenas empresas com faturamento anual menor; ocorre a unificação do pagamento de vários impostos em uma única guia. No ano de 2024, o teto do simples é 4,8 milhões de reais.

2. **Lucro Presumido**: neste regime, a contribuição tributária é calculada com base em uma estimativa de lucro, de acordo com o tipo de negócio exercido. No ano de 2023, essa era a opção para empresas com faturamento anual entre 4,8 e 78 milhões de reais.

3. **Lucro Real**: é um regime em que os impostos são calculados com base no lucro líquido real da empresa. No ano de 2024, é o regime obrigatório para empresas com faturamento anual acima de 78 milhões de reais ou que atuam em determinados setores, como bancos comerciais.

Para escolher o regime tributário mais adequado, analise a receita e o tipo de atividade da sua empresa. Recomendo consultar um contador para obter orientações específicas para o seu caso.

Tenho plena consciência de que ninguém gosta de falar de imposto, mas é necessário em nosso país ter plena consciência sobre isso, pois cada regime de tributação tem sua peculiaridade e, a depender da operação, ela não se sustenta em outro regime tributário senão o simples, por isso consulte um contador para ver qual a melhor alíquota para sua empresa.

Portanto, é necessário ter cuidado com o crescimento desenfreado de uma empresa, com a necessidade de capital de giro, com o efeito tesoura e com os impostos. É obvio que o caixa é rei, por isso é importante planejar e gerenciar o crescimento de maneira estratégica, garantindo que a empresa esteja preparada para lidar com os desafios que acompanham o crescimento rápido.

Como sempre digo para meus pares: de nada adianta ter um resultado operacional fantástico com boletos atrasados. É preferível ter as contas em dia com lucro e dinheiro no caixa por mais que o crescimento seja menor, ou seja, o que vale a pena ter nas mãos é um uma organização que funcione como UM NEGÓCIO DE VERDADE.

O CRESCIMENTO DESENFREADO DE UMA EMPRESA PODE TRAZER CONSEQUÊNCIAS NEGATIVAS SE NÃO FOR DEVIDAMENTE GERENCIADO.

A arquitetura do varejo do futuro
@rodrigowaughan

CONCLUSÃO

Ao contrário de muitas obras que têm como autor um visionário ou inventor, esta não é escrita por um criador de marcas ou inventor de algo extraordinário. Eu, na verdade, tenho uma formação jurídica trabalhista, mas em determinado momento da vida decidi embarcar na jornada do empreendedorismo, dando uma reviravolta em minha carreira, inicialmente pautada na advocacia.

A decisão de transição ganhou força após o falecimento de meu pai, meu sócio. Acabei imerso em um plano B que cresceu exponencialmente, ultrapassando as expectativas do plano A. Como advogado, trilhei caminhos associativos, exercendo cargos relevantes, como a presidência da Associação Amazonense dos Advogados Trabalhistas e a presidência da Escola Nacional da ABRAT – Associação Brasileira dos Advogados Trabalhistas, além de ter sido Conselheiro Estadual da Ordem dos Advogados do Brasil – Seccional Amazonas, entre outros.

Essa fase me proporcionou uma bagagem valiosa, pois envolveu a organização de empresas, a resolução e a prevenção de demandas cíveis, trabalhistas e tributárias, além da elaboração de regras de compliance.

No entanto, ao ingressar no mundo empresarial, percebi lacunas a serem preenchidas, desafios inexplorados. Decidi, então, aprofundar meus conhecimentos em estratégia, finanças, gestão de pessoas, vendas e processos, buscando aprendizado em instituições de prestígio, como a Fundação Dom Cabral. Imersões e benchmarkings em locais emblemáticos como Disney, Apple, Cirque du Soleil, Zappos e Vale do Silício expandiram minha visão sobre negócios.

O Grupo Gérbera_+, a empreitada que presido, é uma corporação multimarcas e multicanal, atuando em vários municípios do estado do Amazonas, reconhecido por sua logística desafiadora. Empreender no Brasil já é uma tarefa árdua; no Amazonas, devido à complexidade logística e peculiaridades amazônicas, torna-se ainda mais desafiador.

Nesta obra, compartilho minha trajetória e os conceitos que aprendi ao longo do tempo, insights que podem impulsionar qualquer negócio. Não abordo regras complicadas ou inoperáveis; pelo contrário, discuto situações simples que podem ser aplicadas por qualquer empresa genuína. Afinal, em sua essência, o empreendedorismo está relacionado a superar desafios e transformar oportunidades em realidade.

Não sou um guru, *"fake coach"* ou alguém que fornece conselhos de negócios sem ter experiência prática, afinal, já passei pelos domínios operacional, tático e estratégico. No universo empresarial, a autenticidade emerge como a única bússola confiável para um sucesso duradouro. Com mais de duas décadas de vivência, lidero efetivamente um autêntico NEGÓCIO DE VERDADE.

EM SUA ESSÊNCIA, O EMPREENDEDORISMO ESTÁ RELACIONADO A SUPERAR DESAFIOS E TRANSFORMAR OPORTUNIDADES EM REALIDADE.

A arquitetura do varejo do futuro
@rodrigowaughan

Este livro foi impresso pela Edições Loyola em papel pólen bold 70 g/m² em fevereiro de 2025.